oekom

ClimatePartner°
klimaneutral
Verlag | ID: 128-50040-1010-1082

Dieses Buch wurde klimaneutral hergestellt. CO_2-Emissionen vermeiden, reduzieren, kompensieren – nach diesem Grundsatz handelt der oekom verlag. Unvermeidbare Emissionen kompensiert der Verlag durch Investitionen in ein Gold-Standard-Projekt. Mehr Informationen finden Sie unter www.oekom.de.

Bibliografische Information der Deutschen Nationalbibliothek:
Die Deutsche Nationalbibliothek verzeichnet diese Publikation in der Deutschen Nationalbibliografie; detaillierte bibliografische Daten sind im Internet unter http://dnb.d-nb.de abrufbar.

oekom verlag, Gesellschaft für ökologische Kommunikation mbH,
Waltherstraße 29, 80337 München

Layout und Satz: Reihs Satzstudio, Lohmar
Umschlagentwurf: Elisabeth Fürnstein, oekom verlag
Umschlagabbildung: «Alt und genügsam», © Waldili/pixelio.de
Druck: Augustin print & medien GmbH, Oer-Erkenschwick

Dieses Buch wurde auf 100%igem Recyclingpapier gedruckt.

ISBN 978-3-86581-815-7

FSC
www.fsc.org
RECYCLED
Papier aus Recyclingmaterial
FSC® C106855

Marion Leng • Kirstin Schild
Heidi Hofmann

Genug genügt

Mit Suffizienz zu einem guten Leben

Inhalt

«Wahrlich:
Wer Genügen kennt am Genügenden,
wird ständig genug haben.»

LAOTSE

Irmi Seidl

Vorwort

Dem materiellen Überfluss entsagen und sich mit wenig bescheiden, scheint aktuell Medien und Öffentlichkeit zu beeindrucken: Minimalismus, Cult of Less, Downshifting, geldfreies Leben und ein solches mit möglichst wenigen Gegenständen, Entrümpeln, Konsumverweigerung und dergleichen schaffen es auf die Titelseiten renommierter Medien.

Doch abgesehen von spektakulär genügsamen Lebensentwürfen und ihrer zeitdiagnostischen Einordnung ist wenig Systematisches über genügsames Leben bekannt. Dabei fordern und empfehlen einzelne Nachhaltigkeitsvertreter(innen) seit sicherlich zwei Jahrzehnten Genügsamkeit – mit dem Begriff der «Suffizienz». Doch Umwelt- und Nachhaltigkeitspolitik setzen auf Effizienz und Konsistenz und meiden Suffizienz – aktuell beobachtbar an der Politik für die Energiewende. Dabei zeigen Rebound- und Wachstumseffekte, dass Klima- und Nachhaltigkeitsziele ohne eine allgemeine Wert- und Verhaltensänderung, hin zu einem Genug auf niedrigerem als dem bisherigen Konsumniveau, nicht erreichbar sind.

Erklärungen für das bisherige Ausblenden der Suffizienz gibt es. Eine davon dürfte sein, dass wir empirisch zu wenig darüber wissen, ob und wie ein suffizientes Leben gelingen kann – einzelne spektakuläre suffiziente Lebensentwürfe vermitteln wenig Glaubwürdigkeit.

Umso erfreulicher ist, dass die Autorinnen des vorliegenden Buches, Marion Leng, Kirstin Schild und Heidi Hofmann, praktizierte suffiziente Lebensstile in den Blick nehmen und so ein Bild vermitteln von dem damit verbundenen Gelingen und Misslingen, von gewonnenen Freiräumen und Einschränkungen, von Zufriedenheit und Hadern, von Herausforderungen und Rückschlägen. Auf der Basis von Interviews mit 16 suffizient lebenden Personen zeigen die Autorinnen zunächst Themen auf, die wichtige Anker in deren Leben sind. Es geht um Zeit und Geschwindigkeit, Konsumbegrenzung, Gerechtigkeit, bewusst leben sowie Teilen und Gemeinschaftlichkeit; Themen also, die im Leben vieler immer wieder aufscheinen, aber wohl mit weniger Emphase verfolgt und reflektiert werden als von den Interviewpartner(innen). Weil suffizientes Leben entsprechendes Verhalten, Werte und Einstellungen sowie Kompetenzen erfordert, spannen die Autorinnen diese Dimensionen auf und beschreiben sie anhand von Beispielen wie dem Kauf von Gütern, die Haltung gegenüber Mitgeschöpfen oder die Fähigkeit, über eigenes Handeln und eigene Rollen zu reflektieren. Noch nicht beantwortet ist damit, ob suffizient lebende Personen auch mit ihrem Leben zufrieden sind. Anhand von sechs Themenbereichen, die im Leben suffizient lebender Personen zentral sind, können die Autorinnen nachweisen, dass Suffizienz durchaus Lebenszufriedenheit hervorzubringen und zu steigern vermag. So wirkt Beschränkung befreiend und eröffnet neue Pfade der Lebensgestaltung. Ein geringerer Einkommensbedarf erlaubt es, die Arbeitszeit zu reduzieren, was wiederum ermöglicht, das Leben selbstbestimmter zu gestalten sowie soziale Beziehungen zu pflegen und zu vertiefen. Gleichzeitig können einzelne Interviewpartner(innen) auf diese Weise achtsam, fokussiert und konzentriert leben und allenfalls Spiritualität entwickeln. Dank solcher Lebensgestaltung empfinden die Interviewpartner(innen) Zufriedenheit und Glück. Verschiedentlich spiegeln die Autorinnen ihre Beobachtungen an philosophischen Konzepten und Aussagen zu einem gelingenden Leben und beobachten, dass ihre Interviewpartner(innen) (unbewusst) manch weiser Lebensphilosophie folgen.

Suffiziente Lebensstile faszinieren, wie die Medienberichterstattung zeigt. Vielleicht auch, weil dieser Art zu leben einiges entgegensteht, sie manchem illusorisch erscheinen mag. Und tatsächlich identifizieren die Autorinnen verschiedenste hemmende Faktoren, die ihren Interviewpartner(innen) suffizientes Leben schwer machen. Doch es gibt auch zahlreiche förderliche Faktoren. Diese und darüber hinausgehende ordnen die Autorinnen Handlungsfeldern zu und zeigen auf, wo Politik, Gesellschaft und Individuen ansetzen können, um die Bedingungen für ein suffizientes Leben zu verbessern.

Das vorliegende Buch erzählt Geschichten suffizient lebender Menschen, analytisch sorgfältig aufbereitet, geordnet und dargestellt mit Bezug zu zentralen Fragen und Dimensionen der Suffizienz. Sie berühren, weil es die Autorinnen verstehen, die Lebensgeschichten lebendig, authentisch, empathisch und doch sachlich und neutral zu erzählen. Ich wünsche, dass sich viele Leser(innen) berühren und inspirieren lassen – persönlich wie wissenschaftlich.

Dank

Das vorliegende Buch basiert weitgehend auf dem, was uns suffizient lebende Personen in der Schweiz über ihr Leben, ihre Einstellungen und Werte, ihr Verhalten und ihre Motive sowie ihre Vorstellungen vom guten Leben berichtet haben. Deshalb gilt unser besonderer Dank unseren Interviewpartnerinnen und -partnern, ohne die dieses Buch nie geschrieben worden wäre. Zudem möchten wir ganz herzlich der Stiftung Mercator Schweiz danken, die unser Forschungsprojekt finanziell ermöglicht und über die Laufzeit hinweg immer wieder inhaltlich wertvolle Anstösse geliefert hat. Auch der Austausch mit unserer Begleitgruppe war für uns eine grosse Quelle der Inspiration, und die vielen Fragen und kritischen Anmerkungen haben für das Fortschreiten des Projektes und die Entstehung des Buches einen enormen Dienst geleistet.

Unser Projekt war am Centre for Development and Environment (CDE) der Universität Bern angesiedelt. Auch von dieser Seite erhielten wir viel Unterstützung, insbesondere von Thomas Hammer (Projektverantwortlicher) und Stephan Rist (Bereichsleiter). Sie liessen uns den nötigen Freiraum für die Konzipierung und Ausgestaltung des Projekts und standen uns bei Fragen oder Problemen mit konstruktiven Ratschlägen zur Seite. Tina Reisinger, unserer Hilfsassistentin, danken wir für das engagierte Mitdenken sowie ihre Arbeit am Layout, Anna-Pierina Godenzi für das sorgfältige Lektorat. Und schliesslich geht ein herzliches Dankeschön an Sylvia Vananderoye, deren Illustrationen unser Buch beleben.

1
Suffizienz – unser Fokus

Wir leben in einer Zeit der Übernutzung: von Ökosystemen und von natürlichen Ressourcen wie Luft, Wasser und Boden. Im 20. Jahrhundert wurde weltweit mehr Energie verbraucht als je zuvor, und insbesondere seit den 1950er-Jahren ist der globale Rohstoffverbrauch exponentiell gestiegen (Pfister 1994). Zum Teil sind die Gesetzmässigkeiten, nach denen diese Ressourcen sich regenerieren können, bis heute unbekannt oder nur schwer erkennbar, zudem treten verursachte Schäden meist zeitverzögert und nicht linear auf. Für uns Menschen ist das Verständnis von ökologischen Systemen nicht leicht zu gewinnen, und die Versuchung ist gross, nur den in Aussicht stehenden Gewinn zu sehen und mögliche, erst später erkennbare Schäden auszublenden. 2013 schrieb der britische Ökonom Tim Jackson treffend: «In dem Mass, in dem wir es uns heute gut gehen lassen, graben wir systematisch dem guten Leben von morgen das Wasser ab» (2013, S. 2).

Das Konzept der «nachhaltigen Entwicklung»[1] stellt eine Antwort auf die oben beschriebenen Probleme dar und ist das Resultat einer 30-jährigen Diskussion. Im gegenwärtigen Nachhaltigkeitsdiskurs sind es vor allem die Strategien der Effizienz[2] und der Konsistenz[3], von denen die wesentlichen Beiträge zur Problemlösung der immer knapper werdenden natürlichen und nicht erneuerbaren Ressourcen erwartet werden. Die Effizienz- und

---

1 Unter nachhaltiger Entwicklung verstehen wir gemäss Brundtland-Report die Befriedigung der Bedürfnisse der Gegenwart, ohne zu riskieren, dass künftige Generationen ihre eigenen Bedürfnisse nicht befriedigen können werden (Hauff 1987, S. 46).

2 Effizienz wird als eine technische Strategie definiert, bei der es darum geht, den Energieeinsatz pro Produkt- oder Dienstleistungseinheit zu verringern und damit die Ressourcenproduktivität zu erhöhen (Kleinhückelkotten 2005, S. 54).

3 Bei der Konsistenzstrategie wird weniger versucht, den Ressourcenverbrauch zu verringern, stattdessen steht die Qualität der Material- und Stoffströme im Vordergrund. Stoffe, die nicht kompatibel sind mit den natürlichen Kreisläufen, müssen eliminiert werden (ebd., S. 55).

Konsistenzstrategie sind besonders konsensfähig, da hier keine grundlegenden Veränderungen in der Gesellschaft, insbesondere ein Umdenken im Sinne eines geringeren Verbrauchs und ein veränderter Lebensstil, vorausgesetzt werden. Die Hoffnung wird auf neue Konzepte wie «Green Economy», «Green Growth», «Green New Deal»[4] oder «grüne Innovationspolitik» gesetzt. Wie die Suffizienzstrategie zur Lösung der Ressourcenproblematik beitragen kann, wurde im Gegensatz zu den beiden genannten Nachhaltigkeitsstrategien bisher weitaus weniger erforscht.

Im aktuellen wissenschaftlichen Diskurs wird die Fähigkeit kapitalistischer Ökonomien, ein nachhaltiges Naturverhältnis zu entwickeln, verneint. Vor diesem Hintergrund werden zunehmend wachstumskritische Konzepte entwickelt und vor allem unter den Begriffen «Postwachstum», «Décroissance», «Degrowth» oder «solidarische Ökonomie» diskutiert (siehe zum Beispiel Latouche 2015, Schneidewind & Zahrnt 2013, Binswanger 2012, Linz 2012, Paech 2012, Altvater 2011, Rifkin 2011, Seidl & Zahrnt 2010, Scherhorn 2002, Daly 1997). Viele Autor(inn)en orientieren sich unter anderem am Prinzip der Suffizienz und fordern einen Rückgang des Wachstums von umwelt- und ressourcenbelastender Produktion und dazugehörigem Konsum. Gemäss Seidl & Zahrnt (2010) sind Wirtschaftswachstum und Nachhaltigkeit nur vereinbar, wenn der Ressourcenverbrauch von der ökonomischen Entwicklung entkoppelt ist. Zudem wird untersucht, wie ein Wertewandel stattfinden kann: von der heutigen Praxis der materiellen Grenzenlosigkeit zum Akzeptieren materieller Endlichkeit (Seidl & Zahrnt 2010, S. 232).

Wir möchten in diesem Buch den Fokus auf die weniger bekannte Suffizienzstrategie lenken, da wir der Ansicht sind, dass nur die Kombination von allen drei Strategien wirkungsvoll zu einer nachhaltigen Entwicklung beitragen kann. Die Diskussion rund um das Thema Suffizienz sollte angestossen werden und in der breiten Öffentlichkeit stattfinden. Da die Suf-

4 Während der Wirtschafts- und Finanzkrise von 2007/2008 hat man sich auf die Geschichte besonnen, das heisst auf den amerikanischen «New Deal» von 1929, und daraus die Idee eines «Green New Deal» gesponnen: Dieser Deal sollte helfen, «die Wirtschaftskrise durch staatliche Investitionen und Interventionen zu überwinden und darüber hinaus die gesellschaftliche Entwicklung mit den Mitteln staatlicher Ordnungspolitik in eine andere – nachhaltigere – Richtung lenken» (Kaven 2015, S. 7).

fizienzstrategie vor allem im Zusammenhang mit Lebensstilfragen diskutiert wird, gehen wir davon aus, dass eine nachhaltige Entwicklung nur möglich ist, wenn die Menschen ihre Lebensweisen so verändern, dass sie die Endlichkeit natürlicher Ressourcen anerkennen und ihr Handeln an diesen Grenzen ausrichten. Gleichzeitig soll ein gutes Leben gewährleistet werden. Einen möglichen und vielversprechenden Problemlösungsansatz sehen wir in einem suffizienten Lebensstil. Diesen definieren wir als einen Lebensstil, der trotz eines geringeren Ressourcenverbrauchs mit einem Mehr an Lebenszufriedenheit einhergeht, und zwar deshalb, weil wir den Begriff «Suffizienz» im Sinne von «was für ein gutes Leben ‹genügt und ausreicht›» verstehen.

Es geht also um die Veränderung von Handlungs- und Lebensweisen. Uns interessierte in diesem Zusammenhang, ob es in der Deutschschweiz[5] bereits Menschen gibt, die suffizient leben, sprich weniger Ressourcen verbrauchen als der Schweizer Durchschnitt, und gleichzeitig mit ihrem Leben zufrieden sind. Wir wollten herausfinden, wie solche Leute konkret leben, welche Einstellungen und Werte sie motivieren und welche Faktoren es ihnen erleichtern bzw. erschweren, ihren Lebensstil zu realisieren. Zudem interessierte uns, inwiefern eine suffiziente Lebensweise zu mehr Lebenszufriedenheit beitragen und ein gutes Leben begünstigen kann. Und wir fragten uns, wie ein suffizienter Lebensstil salonfähig werden, das heisst über die individuelle Ebene hinaus der Gesellschaft zugänglich und schmackhaft gemacht werden könnte. In unserem Forschungsprojekt «Die Bedeutung eines suffizienten Lebensstils für ein gutes Leben», welches mit der finanziellen Unterstützung der Stiftung Mercator Schweiz zwischen 2013 und 2016 durchgeführt wurde, versuchten wir, Antworten auf diese Fragen zu finden (vgl. Kapitel 1.3). Das vorliegende Buch basiert auf den Ergebnissen dieses Forschungsprojekts.

---

5 Im vorliegenden Buch werden daher schweizerdeutsche Begriffe verwendet und – wenn für das Verständnis erforderlich – erläutert.

1.1
Unsere 16 suffizient lebenden Personen – eine kurze Vorstellung

Im Rahmen unseres Forschungsprojekts haben wir 16 Personen ausfindig gemacht, die gemäss unseren Kriterien[6] ein suffizientes Leben führen. In nebenstehender Tabelle werden sie kurz vorgestellt.

Im Folgenden eine kurze Beschreibung der sozioökonomischen Situation der 16 Personen: Von den 16 Personen sind zehn Männer und sechs Frauen. Das durchschnittliche Alter liegt bei 43 Jahren. 15 der 16 Befragten haben einen Hochschulabschluss, eine Person hat eine Berufslehre abgeschlossen.[7] Die Auswertung des monatlichen Bruttohaushaltseinkommens ergibt folgendes Bild: Ein Drittel der befragten Personen verdient zwischen 2.000 und 6.000 Schweizer Franken im Monat, ein weiteres Drittel zwischen 6.000 und 10.000 Franken, und ein Drittel verdient mehr als 12.000 Franken.

Durchschnittlich wohnen drei Personen in einem Haushalt, die Bandbreite reicht von Ein-Personen-Haushalten bis hin zu einer aus zehn Leuten bestehenden Wohngemeinschaft.

Zehn der 16 Befragten wohnen in einer Stadt, vier in der Agglomeration (städtischen Vororten) und zwei auf dem Land in der Deutschschweiz.

Fünf von ihnen arbeiten in der Branche «Wirtschaft und Verwaltung», wovon drei als Projektmanager(innen) tätig sind. Ebenfalls fünf Personen arbeiten im Bereich «Bildung und Soziales», wobei drei davon eine beratende Funktion ausüben. Drei Personen arbeiten im Berufszweig «Natur, Umwelt und Ökologie», zwei befinden sich in Ausbildung (Master-Studierende resp. Doktorandin) und eine Person arbeitet als Grafiker.

Elf Interviewte (69 Prozent) besitzen kein Auto, zwei besitzen je ein Auto, und drei Personen geben an, in ihrem Haushalt über zwei Autos zu verfügen. Von den fünf Leuten, die ein Auto besitzen, gehören drei der obersten

---

6 Eine ausführliche Beschreibung der Kriterien findet sich weiter unten.

7 Zum Vergleich: 2014 betrug in der Schweiz der durchschnittliche Anteil an Hochschulabsolventen 26 Prozent.

Einkommensklasse (mehr als 12.000 Schweizer Franken) an. Drei von fünf Autobesitzern leben in Haushalten mit mindestens vier Personen.

Nur eine Person gibt an, kein Velo zu besitzen, alle anderen Befragten besitzen durchschnittlich vier Fahrräder in ihren Haushalten.

Fiktiver Vorname	Beruf/Funktion	Alter	Wohnsituation	Personen im Haushalt	Wohnort
Anton	Pensionär, Dozent für Umweltbildung	70	in Partnerschaft	2	Land
Sabine	Doktorandin	29	Wohngemeinschaft	5	Stadt
Adrian	Forstingenieur	63	in Partnerschaft	2	Land
Peter	Student	28	mit Familie/ Kindern	4	Agglomeration
Albrecht	Projektleiter	36	Wohngemeinschaft	5	Stadt
Rahel	leitende Funktion Mobilitätsbereich	35	alleine	1	Stadt
Tanja	Umweltingenieurin	30	Wohngemeinschaft	10	Stadt
Thomas	Umweltnaturwissenschaftler	44	mit Familie/ Kindern	4	Stadt
Tabea und **Konrad**	selbstständige Beraterin, Theologe	58 und 67	in Partnerschaft	2	Stadt
Alexander	Grafiker	48	in Partnerschaft	2	Agglomeration
Maria	Finanzverantwortliche	36	mit Familie/ Kindern	4	Agglomeration
Florian	Organisationsberater	34	mit Familie/ Kindern	3	Stadt
Jasmin	Projektmitarbeiterin Nachhaltigkeit	28	in Partnerschaft	2	Stadt
Manuel	Kommunikationsberater (Nachhaltigkeit)	54	in Partnerschaft	2	Stadt
Jonathan	Projektleiter	31	in Partnerschaft	2	Stadt

1.2
Aufbau und Inhalt des Buches

Der theoretische Rahmen dieses Buches wird gleich anschliessend im Kapitel 1.3 präsentiert. Eilig Lesende, die sich vor allem für die Ergebnisse interessieren, können gleich zu Kapitel 2 weiterblättern. Hier werden fünf ausgewählte Personen porträtiert, die in einem suffizienztechnisch relevanten Bereich «Leuchtturmcharakter» aufweisen. In Kapitel 3 wird das Gesamtbild eines suffizienten Lebensstils auf Basis der Aussagen aller 16 Personen skizziert. Kapitel 4 fokussiert auf den Zusammenhang zwischen einem suffizienten Lebensstil und einem guten Leben. In Kapitel 5 werden die hemmenden und fördernden Faktoren eines suffizienten Lebensstils aufgezeigt. Kapitel 6 beschäftigt sich mit der Frage, wie suffiziente Lebensweisen gefördert und durch geeignete Massnahmen in der Gesellschaft verankert werden können, und zwar aus der Sicht unserer Befragten. Kapitel 7 erweitert die Perspektive von Kapitel 6 um die Sicht von Expert(inn)en aus Praxis und Wissenschaft. Das abschliessende Kapitel 8 ist unseren Nachgedanken gewidmet.

1.3
Unser Forschungsprojekt

1.3.1 Ziele und Fragen

Das übergeordnete Ziel des Projekts bestand darin, neues Wissen über suffiziente Lebensweisen in der Schweiz zu liefern sowie Möglichkeiten und Wege aufzuzeigen, wie ein suffizienter Lebensstil gefördert werden kann. Aus dem übergeordneten Ziel leiten sich folgende Forschungsfragen ab:

1. Wie sieht ein suffizienter Lebensstil in der Schweiz – bezogen auf die Bereiche Mobilität und Alltagskonsum – heute aus? Welche Einstellungen und Werte motivieren einen suffizienten Lebensstil, welche Kompetenzen befördern ihn?

2. Welche Zusammenhänge sehen suffizient lebende Personen zwischen ihrem Lebensstil und der Bewertung ihrer Lebenszufriedenheit?

3. Was sind fördernde Faktoren eines suffizienten Lebensstils und was sind Hemmnisse?

4. Wie kann ein suffizienter Lebensstil in der breiten Bevölkerung verankert werden?

Im Projekt stehen die beiden Handlungsfelder Alltagskonsum und Mobilität im Zentrum. Zum einen deshalb, weil es sich dabei um besonders ressourcenintensive Bereiche handelt, zum anderen aber auch, weil sich Unterschiede im Lebensstil in ihnen besonders deutlich zeigen.

Unter Alltagskonsum verstehen wir den Konsum von Produkten für den Alltagsgebrauch, wie zum Beispiel Nahrungsmittel, Kleidung, Reinigungs- und Pflegemittel etc. Im Alltagskonsum sind aus unserer Sicht die Handlungsspielräume besonders gross und Änderungen im Verhalten leichter und auch relativ kurzfristig möglich. Lebensstile lassen sich am Konsumverhalten recht gut ablesen, da Handlungen hier gut sicht- und damit überprüfbar sind. Auch hängen Kaufentscheide bei weniger kostenintensiven Gütern des täglichen Gebrauchs enger mit einem bestimmten Lebensstil zusammen als teurere Anschaffungen, da Letztere stärker von der finanziellen Situation der Akteur(inn)en bestimmt werden.

Auch im Mobilitätsbereich ist das Energiesparpotenzial sehr hoch: Viele (ressourcenärmere) Alternativen stehen heutzutage zur Verfügung, zum Beispiel energieeffiziente Fahrzeuge, Carsharing, verstärkte Nutzung des Öffentlichen Verkehrs (ÖV) etc. Wie beim Alltagskonsum kann im Mobilitätsbereich sehr viel getan werden, um Verhaltensweisen zur Senkung des Ressourcenverbrauchs, speziell des Energieverbrauchs, und Lebensstile in Richtung Suffizienz zu verändern.

Den Bereich des Wohnens, der ebenfalls sehr ressourcenintensiv ist, klammern wir aus, da die Wohnsituation stärker von den finanziellen Möglichkeiten abhängt und weniger der individuellen Ausgestaltung als Ausdruck eines frei gewählten Lebensstils unterliegt.

1.3.2 Vorgehen und Methoden

Um die oben aufgeführten Forschungsfragen beantworten zu können, wurden fünf Arbeitspakete gebildet. In einem ersten Schritt (Arbeitspaket 1) wurden die theoretischen Grundlagen erarbeitet und die zentralen Begriffe definiert.

Arbeitspaket 1:
Definition der wichtigsten Begriffe

▷ ***Suffizienz:*** Der Begriff «Suffizienz» ist abgeleitet vom lateinischen Verb *sufficere*, welches übersetzt werden kann mit zu Gebote stehen, hinreichen, genug sein, imstande sein, vermögen. Das englische sufficient oder sufficiency bedeutet so viel wie was die Erwartung erfüllt, was Befriedigung schafft oder ermöglicht, was genug und was angemessen ist (Linz 2012, S. 75). Diese Übersetzungen zeigen, dass es nicht in erster Linie um Verzicht und Einschränkung geht. Vielfach wird in der Debatte sogar von einem Zuwachs an Lebensqualität gesprochen. Im Gegensatz zu Effizienz und Konsistenz, die vor allem auf eine Veränderung der Energie- und Materialbeschaffenheit durch technische Mittel abzielen, wird Suffizienz[8] auf der Ebene menschlichen Verhaltens angesiedelt. Gemäss Stengel (2011, S. 140) zielt die Suffizienzstrategie darauf ab, dass Menschen ihr Verhalten ohne Zwang verändern und Praktiken, die übermässig Ressourcen verbrauchen, einschränken oder ersetzen. Sie bemüht sich um einen genüg-

---

8 Erstmals in den Nachhaltigkeitsdiskurs eingeflossen ist der Begriff «Suffizienz» aus einem Aufsatz von Sachs (1993). Nach Sachs umfasst Suffizienz die vier Bereiche «Entschleunigung», «Entflechtung», «Entkommerzialisierung» und «Entrümpelung» (ebd., S. 70). Im Zusammenhang mit «Entschleunigung» kritisiert er beschleunigte Mobilitätsarten, die mit einem erhöhten Verbrauch natürlicher Ressourcen einhergehen, also beispielsweise das Fliegen. «Entflechtung» meint ihm zufolge die Reduktion langer Transportwege zugunsten einer vermehrten Schliessung wirtschaftlicher Kreisläufe auf regionaler und lokaler Ebene (ebd.). Mit «Entkommerzialisierung» argumentiert Sachs für den Wandel einer überholten Auffassung von Wohlstand, die sich lediglich am Bruttosozialprodukt orientiert, beständiges wirtschaftliches Wachstum fordert und die «Sphäre der nichtkommerzialisierten Tätigkeiten (wie Haushalt und Kindererziehung, Eigenarbeit und Freundschaftsdienst, Gemeindekultur und Bürgerarbeit)» (ebd., S. 71) vernachlässigt. Schliesslich verweist er mit «Entrümpelung» auf verschiedene östliche und westliche Weisheitslehren, die eine einfache Lebensführung preisen. Damit sei, so Sachs, aber nicht ein verzichtreiches und genussarmes Leben gemeint. Vielmehr gehe es darum, sich in einer Überfülle von Besitztümern und Optionen nicht zu verzetteln und die nötige Zeit und Achtsamkeit darauf zu verwenden, dem «eigenen Lebensprojekt richtige Gestalt zu geben» (ebd., S. 72).

samen, umweltverträglichen Verbrauch von Energie und Materie durch eine geringere Nachfrage ressourcenintensiver Güter und Dienstleistungen. Linz (2012, S. 75) unterscheidet zwischen einem engeren und einem weiteren Verständnis von Suffizienz: «Im engeren Verständnis bildet sie das Pendant zu Effizienz, richtet sich auf den Minderverbrauch von Ressourcen und ist damit quantitativ ausgerichtet. Das weitere Verständnis richtet sich auf einen neuen Sinn von Wohlstand und auf den kulturellen Wandel, der eine Voraussetzung wie sein Ergebnis ist. Beide Arten von Suffizienz sind für die ökologische und soziale Zukunftsfähigkeit unentbehrlich. Dabei ist das engere Verständnis auf das weitere angewiesen, weil der Minderverbrauch global gesehen, ohne einen Wandel der Lebens- und Wirtschaftsweise nicht ausreichen wird. [...] Der Gewinn wird sich als Zuwachs an Lebensqualität darstellen, die Einsicht in die unabweisbare Notwendigkeit entsteht, wenn erkennbar wird, dass ohne Suffizienz schwere Übel drohen. Und denkbar ist immerhin, dass Menschen mehr und mehr Gefallen daran finden, im Einklang mit sich, der Natur und dem fernen Nächsten zu leben.» (Ebd., S. 13) Nach Scherhorn (2002) soll eine Verschiebung des Fokus von Güterwohlstand hin zu Zeit- und Raumwohlstand erfolgen. Zeitwohlstand steht für einen insgesamt selbstbestimmteren Umgang mit der eigenen Lebenszeit; Raumwohlstand meint die Möglichkeit, sich in Räumen zu bewegen, in denen man sich wohlfühlt (ebd., S. 19).

Kurzdefinition für das Projekt: Wir verstehen unter Suffizienz diejenige Strategie nachhaltiger Entwicklung, die auf eine Veränderung der Handlungs- und Lebensweisen abzielt, und zwar im Sinne der eingeschränkten Nutzung von Ressourcen durch eine geringere Nachfrage vor allem nach ressourcenintensiven Gütern und Dienstleistungen. Erreicht werden soll dies durch eine Orientierung am rechten Mass bezüglich Ressourcengebrauch und -verbrauch sowie eine veränderte Auffassung von Lebenszufriedenheit und gutem Leben, die andere Arten des Wohlstands als Güterwohlstand ins Zentrum rückt.

▹ ***Lebensstil:*** Die Lebensstilforschung hat sich vor dem Hintergrund des ökonomischen und sozialen Wandels seit Mitte des 20. Jahrhunderts entwickelt. Dieser hatte zur Folge, dass sich die ehemalige Segmentierung der

Bevölkerung aufgrund von sozialer Schicht, Bildung, Berufsprestige und Einkommen aufzulösen begann. Als Gründe für diese Auflösung werden die Erhöhung des Wohlstandes, Bildungsexpansion, Zunahme von Freizeit und der Erwerbsarbeit von Frauen sowie die Pluralisierung von Familien- und Lebensformen genannt (Reusswig 1994). Klassische Ansätze der Lebensstilforschung zeichnen sich nach Lüdtke (1989, S. 25) dadurch aus, dass sie sich auf gesellschaftliche Gruppen beziehen, deren Lebensweisen einerseits zur Abgrenzung nach aussen, also von anderen Gruppen dienen und andererseits nach innen ein wichtiges Element sozialer Identität darstellen. Ausserdem werden Lebensstile als «Mittel der Durchsetzung der eigenen Lebensplanung» (ebd., S. 26) verstanden, durch deren «symbolische Möglichkeiten der Anspruch der Gruppen auf soziale Anerkennung» (ebd.) ausgedrückt wird.

In der Literatur herrscht Uneinigkeit darüber, wie weit Lebensstile individuell gestaltet werden können (subjektive Ansätze) und inwiefern sie durch sozialstrukturelle Bindungen wie Alter, Bildung, Geschlecht, Haushalt oder Einkommen determiniert sind (objektive Ansätze). Zudem stellt sich die Frage, ob es nicht vor allem methodisch sinnvoller ist, eine analytische Trennung zwischen «mentaler Orientierung und objektiven Verhaltensmustern» (Rössel & Otte 2012, S. 13) vorzunehmen und nur Letzteres zur eigentlichen Lebensstilforschung zu zählen. Sogenannte integrative Ansätze dagegen plädieren für ein ganzheitliches Konzept von Lebensstilen, das sowohl Verhaltensweisen als auch die ihnen zugrunde liegenden Orientierungen umfasst. Ein Lebensstil wird als eine interne Ausdifferenzierung der Lebensweise einer Gesellschaft beziehungsweise als individuelle Ausprägung der alltäglichen Lebensführung definiert, für die es innerhalb der bestehenden Lebensweisen einen mehr oder weniger grossen Spielraum gibt. Als Beispiel für einen integrativen Lebensstilansatz schlägt Kleinhückelkotten (2005) vor, Lebensstile in die Bereiche «Werte/Einstellungen», «Verhalten/Verhaltensbereitschaft» und «Kompetenzen» zu unterteilen.

Kurzdefinition für das Projekt: Wir arbeiten im Projekt mit einem integrativen Lebensstilmodell und gehen davon aus, dass der eigene Lebensstil weitgehend individuell gewählt werden kann. Unter einem Lebensstil verstehen wir ein Muster verschiedener Verhaltensweisen, das gewisse formale Ähnlichkeiten und biografische Stabilität aufweist, von anderen Personen identifiziert werden kann, Ausdruck zugrunde liegender Orientierungen (Werte und Einstellungen) ist und bestimmte Kompetenzen erfordert. Wir orientieren uns am Ansatz von Kleinhückelkotten (2005) und definieren Lebensstil über die drei Komponenten «Verhalten», «Werte/Einstellungen» und «Kompetenzen».

▷ ***Suffizienter Lebensstil:*** Eine Definition des Begriffs «suffizienter Lebensstil» konnte in der Literatur nicht gefunden werden. Unser Verständnis resultiert aus den Diskursen zu Suffizienz, Lebensstil und nachhaltigen bzw. ökologischen Lebensstilen (zum Beispiel Kleinhückelkotten 2005).

Kurzdefinition für das Projekt: Ein suffizienter Lebensstil ist die Ausformung einer nachhaltigen Lebensweise, die sich durch einen verminderten Ressourcenverbrauch unter Beibehaltung oder sogar Steigerung der Lebenszufriedenheit auszeichnet. Welche Kriterien ihn im Detail ausmachen, wird in Arbeitspaket 2 ausgeführt.

▷ ***Gutes Leben:*** Die Frage danach, was ein gutes Leben ist, beschäftigt die Menschheit seit jeher. Aufgrund der Pluralisierung der Werte in modernen westlichen Gesellschaften hat sich in der aktuellen philosophischen Debatte der Fokus von einer inhaltlichen auf eine mehr formale Ebene verschoben. Zunehmend wird diskutiert, wie die verschiedenen Theorien über das gute Leben kategorisiert werden oder was formale Kriterien guten Lebens sein könnten.

Üblicherweise wird zwischen subjektiven und objektiven Theorien unterschieden. Objektive Theorien fragen danach, was intrinsisch gut ist, unabhängig von individuellen Einstellungen, Interessen und Wünschen, beziehungsweise danach, welche Bedingungen gegeben sein müssen, damit Menschen ihre individuellen Konzepte guten Lebens realisieren können. Meistens gehen objektive Theorien mit Listen von Grundgütern oder Fähigkeiten einher (vgl. Nussbaum 2010). Im Gegensatz zu objektiven Theorien, bei denen von aussen über das Gutsein eines Lebens entschieden werden kann, sind subjektive Theorien guten Lebens subjektgebunden.

Das bedeutet, dass einzig das Subjekt entscheiden kann, ob sein Leben gut ist oder nicht. Subjektive Theorien nehmen Bezug auf die individuellen Interessen, Wünsche, Motive, Bedürfnisse von Personen. Dabei wird zwischen einem einfachen und einem aufgeklärten Subjektivismus unterschieden. Letzterer geht nicht einfach von beispielsweise bestehenden Wünschen aus, sondern fragt, wie diese zustande gekommen sind. Als Bedingung guten Lebens gilt dann nur die Erfüllung von Wünschen, die in aufgeklärter Weise entstanden sind (Steinfath 1998).

Auch in der empirischen Glücksforschung wird zwischen subjektiven und objektiven Ansätzen von gutem Leben unterschieden. Während die objektiven Ansätze die Rollen von Bildung, Einkommen, Wohn- und Familiensituation für ein gutes Leben erforschen, fokussieren die subjektiven Ansätze auf das individuelle Wohlbefinden.

Kurzdefinition für das Projekt: Wir gehen in unserem Projekt von einem subjektiven Ansatz aus, da wir individuelle Lebensstile erforschen und den Fokus darauf legen, wie Individuen ihre Lebenszufriedenheit bestimmen und beurteilen. Wir geben bewusst keine inhaltliche Definition guten Lebens vor, da uns gerade interessiert, welche Vorstellungen von Lebenszufriedenheit und einem guten Leben suffizient lebende Menschen haben und wie sie diese mit einem suffizienten Lebensstil in Verbindung bringen.

Arbeitspaket 2: Erstellen eines Kriterienkatalogs für einen suffizienten Lebensstil

Theoretische Modelle zur Erfassung suffizienter Lebensstile wurden bisher in der Forschung selten erstellt und dann auch nicht ausführlich beschrieben. Um unser Verständnis eines suffizienten Lebensstils zu operationalisieren, haben wir als Grundlage die zentralen Eigenschaften des «idealtypischen nachhaltigen Lebensstils» von Kleinhückelkotten (2005, S. 129) verwendet. In ihrer Studie zu nachhaltigen Lebensstilen stellte sie die als besonders relevant erachteten Kriterien für die Suffizienz-, die Effizienz- und die Konsistenzstrategie zusammen und bezog dabei die drei Komponenten «Verhalten/Verhaltensbereitschaft», «Einstellungen/Werte» und «Kompetenzen» ein. Wir entnahmen ihrem Katalog Kriterien, die für Suffizienz als besonders relevant beurteilt wurden, und ergänzten diese mithilfe des aktuellen Diskurses, um so den «Idealtypus eines suffizienten Lebensstils» definieren zu können. In einem zweiten Schritt wurden anschliessend diejenigen Kriterien bestimmt, die wir als grundlegend und für einen suffizienten Lebensstil mit Fokus auf die Bereiche Alltagskonsum und Mobilität nicht ersetzbar erachteten (vgl. Tabelle unten).

Mindestkriterien eines suffizienten Lebensstils in den Bereichen Alltagskonsum und Mobilität

Werte und Einstellungen	
Intra- und intergenerationelle Gerechtigkeit	Intragenerationelle Gerechtigkeit im Kontext nachhaltiger Entwicklung als Wert zu verfolgen, bedeutet, sich zu verpflichten, die eigene Lebensweise so zu gestalten, dass allen gegenwärtig lebenden Menschen gleichermassen ein gutes Leben möglich ist. Es gilt gleiches Recht für alle in Bezug auf Ressourcennutzung und Chancengleichheit. Angestrebt wird die Verteilungsgerechtigkeit zwischen allen jetzt lebenden Menschen (Hauff 1987). Bei der intergenerationellen Gerechtigkeit sind die zukünftigen Generationen im Fokus. Es soll gewährleistet werden, dass auch sie ihre Bedürfnisse werden befriedigen können. Hier geht es also um Verteilungsgerechtigkeit zwischen den Generationen.
Verantwortung gegenüber der Natur	Dabei folgen wir einer anthropozentrischen Sichtweise, die sich auf die Bedeutung der natürlichen Umwelt als Lebensgrundlage für den Menschen richtet. Diese entspricht Grundsatz 1 der Rio-Deklaration von 1992, welche die Interessen des Menschen in den Vordergrund stellt und diesen aussermenschliche Interessen unterordnet.
Positive Einstellung zur Ressourcenschonung	In Übereinstimmung mit unserer Definition eines suffizienten Lebensstils fordern wir, dass Personen, deren Lebensstil als suffizient gelten soll, grundsätzlich einen verminderten Ressourcenverbrauch gutheissen und auch persönlich darum bemüht sind (insbesondere in Bezug auf nicht erneuerbare natürliche Ressourcen).

Überzeugung, dass weniger materieller Konsum nicht zwingend zu einer Minderung der Lebensqualität führt	Wir postulieren, dass ein reduzierter Ressourcenverbrauch nicht mit einer Verminderung von Lebenszufriedenheit einhergeht, und fordern somit, dass Lebensqualität nicht primär über materielle Werte definiert wird.
Kompetenzen	
Selbstreflexionskompetenz	Darunter verstehen wir die Fähigkeit, sich selbst, die eigenen Werte, Einstellungen und Handlungen bezüglich ihrer Auswirkungen auf eine nachhaltige Entwicklung bewusst zu hinterfragen.
Selbstwirksamkeit	Damit meinen wir die Überzeugung einer Person, dass sie durch ihr Handeln in der Familie, im Freundeskreis oder in der Gesellschaft etwas Positives im Sinne einer nachhaltigen Entwicklung bewirken kann.
Verhalten	
Vorrangige Fortbewegung zu Fuss oder Nutzung des Velo und des Öffentlichen Verkehrs (ÖV)	Sowohl die Arbeits-, Freizeit- als auch Einkaufswege müssen im Rahmen eines suffizienten Lebensstils hauptsächlich zu Fuss, mit dem Velo oder mit dem ÖV zurückgelegt werden.
Zurückhaltende Nutzung des motorisierten Individualverkehrs (MIV)	Dieses Kriterium gilt als erfüllt, wenn pro Jahr maximal 10.000 Kilometer mit dem Auto zurückgelegt werden – als Fahrer(in) oder Mitfahrer(in).
Zurückhaltende Flugzeugnutzung	Dieses Kriterium gilt als erfüllt, wenn pro Jahr durchschnittlich maximal einmal geflogen wird.
Vorwiegender Kauf und Verzehr von saisonalen Produkten aus der Region und von ökologisch hergestellten bzw. fair gehandelten Produkten	Dieses Kriterium gilt als erfüllt, wenn dies meistens oder ausschliesslich erfolgt.
Kauf und Verzehr von wenig Fleisch	Dieses Kriterium gilt als erfüllt, wenn maximal einmal pro Woche Fleisch gekauft und verzehrt oder ganz auf Fleisch verzichtet wird.
Bevorzugung langlebiger, energieeffizienter Produkte und/oder des Reparierens	Dieses Kriterium gilt als erfüllt, wenn jemand grundsätzlich versucht, Dinge selbst zu reparieren oder reparieren zu lassen, ehe er/sie einen Neukauf plant sowie/oder bei einer Anschaffung auf die Langlebigkeit von Produkten achtet.

Kauf umweltschonender Produkte	Dieses Kriterium gilt als erfüllt, wenn meistens oder ausschliesslich umweltschonend hergestellte Alltagsprodukte (zum Beispiel Reinigungsmittel oder Körperpflegeprodukte) gekauft werden.
Sparsamer Ressourcenverbrauch	Dieses Kriterium gilt als erfüllt, wenn elektronische Geräte (Fernseher, Computer, Stereoanlage etc.) nach dem Gebrauch immer vollständig ausgeschaltet werden (nicht nur Stand-by-Modus).
Teilen (gemeinsam nutzen), tauschen	Dieses Kriterium gilt als erfüllt, wenn jemand entweder überdurchschnittlich viel mit anderen gemeinsam nutzt oder mit anderen zur wechselseitigen Nutzung austauscht.

Arbeitspaket 3: Durchführung der Selektionsbefragung (N = 150)

Mit dem Ziel, geeignete Interviewpartner(inn)en für die qualitativen Interviews zu identifizieren, wurde auf der Grundlage des Kriterienkatalogs ein Selektionsfragebogen erarbeitet (siehe Fragebogen «Umweltverhalten in der Schweiz» im Anhang). Dabei wurde der Fokus auf die Lebensstilkomponente «Verhalten» in den Bereichen Alltagskonsum und Mobilität gelegt, das heisst, die beiden Komponenten «Werte/Einstellungen» und «Kompetenzen» wurden nicht erfragt. Bei der Identifikation der Interviewpersonen wurde vom berichteten Verhalten ausgegangen und nicht von Einstellungen oder Werten, da wir nicht voraussetzen können, dass sich bestehende Werte und Einstellungen auch zwingend in einem entsprechenden Verhalten niederschlagen.[9] Wir wollten im Zuge der Interviews auch umgekehrt feststellen, welche Werte und Einstellungen dem Verhalten zugrunde liegen.

Bei der Erarbeitung der Fragen für den Selektionsfragebogen wurde von denjenigen Verhaltenskriterien in den Bereichen Alltagskonsum und Mobilität ausgegangen, die als Anforderungen (sogenannte Musts im Ver-

9 Vgl. die aus der Einstellungsforschung bekannte Kluft zwischen Einstellungen und Verhalten bei Hunecke 2008.

haltensbereich) festgelegt wurden. Ein zentrales Kriterium dafür war die Relevanz des entsprechenden Verhaltens in Bezug auf die Höhe des Ressourcenverbrauchs (zum Beispiel wird Fliegen als sehr ressourcenintensiv eingeschätzt). Weiter wurde beachtet, welches Wissen über Ressourcenbelastung in der Bevölkerung im Allgemeinen vorhanden ist. So wurde beispielsweise «nur» der Fleisch- und Wurstkonsum erfragt und nicht der Konsum von Milchprodukten, weil vor allem die Fleischproduktion als ressourcenintensiv bekannt ist. Neben der Untersuchung von Kleinhückelkotten (2005) wurden der ökologische Fussabdruck und andere Instrumente mit einbezogen, um die Grenzwerte suffizienten Verhaltens zu bestimmen.

Da wir davon ausgehen, dass es nicht *den* suffizienten Lebensstil gibt, sondern verschiedene Ausprägungen, haben wir einige Fragen nach dem «Guthaben-Prinzip» formuliert. So kann beispielsweise jemand, der bei der Wahl seiner Kleidung nicht unseren Suffizienzkriterien entspricht, dies mit dem häufigen oder ausschliesslichen Kauf von biologisch produzierten oder regionalen und saisonalen Lebensmitteln kompensieren. Einige Kriterien, so zum Beispiel den Richtwert «nicht mehr als ein Flug im Durchschnitt pro Jahr», haben wir hingegen absolut gesetzt.

Der Selektionsfragebogen wurde breit gestreut (unter anderem im privaten und beruflichen Umfeld der Forscherinnen) und auf der Homepage der Universität Bern online gestellt. Zudem wurde das Schneeballsystem genutzt, und die Menschen wurden aufgefordert, den Fragebogen auch an interessierte Freunde oder Bekannte weiterzuleiten. Nach einigen Wochen konnten 150 komplett ausgefüllte Fragebogen ausgewertet werden. Zur Auswertung wurde eine einfache MS-Excel-Ansicht gewählt.

Auf Basis der vordefinierten Anforderungskriterien (sogenannte Musts, siehe oben) wurde die Selektion vorgenommen. Von den 150 Personen erfüllten 25 Personen die Anforderungskriterien in Bezug auf die Komponenten «Verhalten». Dieses Sample bildete die Basis für die qualitativen Interviews.

Arbeitspaket 4:
Durchführung der qualitativen Interviews (N = 25)

Zur zentralen Befragung wurde ein Leitfaden für die qualitativen Interviews erarbeitet, der die im Abschnitt 1.3.1 aufgeführten Fragen abdeckt. Diese Interviews erstreckten sich auf alle für einen Lebensstil als relevant erachteten Dimensionen (Werte/Einstellungen, Kompetenzen und Verhalten). Die Interviews mit den 25 Personen dauerten zwischen 60 und 90 Minuten, wurden aufgenommen, transkribiert und mittels MAXQDA – einer Software für qualitative Datenanalyse – ausgewertet.

Arbeitspaket 5:
Identifikation der suffizient lebenden Personen (N = 16)

Nach der Auswertung der 25 Leitfadeninterviews konnten 16 Personen ausgemacht werden, die alle Anforderungskriterien in den drei Lebensstilkomponenten «Verhalten», «Einstellungen/Werte» und «Kompetenzen» erfüllen und somit einen suffizienten Lebensstil pflegen.

2
Porträts

Im Lauf der Befragungen entstand der Eindruck, dass bei einigen der Interviewten jeweils ein Bereich im Vordergrund steht, der für einen suffizienten Lebensstil[10] relevant ist und sich als eine Art «Thema» oder «roter Faden» durch das Interview zieht. Die Befragten haben sich unserer Ansicht nach zu einem bestimmten Themenbereich auffallend viele Gedanken gemacht und bemühen sich dort besonders intensiv um Konsistenz zwischen Einstellungen/Werten und einem entsprechenden Verhalten.[11] Aus diesem Grund möchten wir die im Folgenden porträtierten Personen als «Leuchttürme» im Sinne bereichsspezifischer Vorbilder bezeichnen.

Die Porträts sollen zeigen, wie in verschiedenen Bereichen Einstellungen und Werte mit entsprechenden Verhaltensweisen zusammenhängen, wo die Chancen, aber auch die Schwierigkeiten und Widersprüche innerhalb eines suffizienten Lebensstils liegen und welchen Umgang die Interviewten damit pflegen.

Bei den Bereichen handelt es sich um: Mobilität, Konsum, Gerechtigkeit, Spiritualität und Gemeinschaftlichkeit.

2.1
Auf der Suche nach dem angemessenen Tempo

Rahel: Leuchtturm im Bereich «Mobilität»

Zufussgehen und Velofahren – nur bei diesen beiden Fortbewegungsarten empfindet Rahel das Tempo als angemessen. Alles andere – Zug, Auto oder Flugzeug – ist ihr zu schnell. Schnelle Fortbewegungsmittel «nehmen einen

---

10 Siehe hierzu unsere Definition und die Kriterien eines suffizienten Lebensstils in Kapitel 1.3.2.

11 Siehe hierzu auch unsere Definition von «Lebensstil», die «Einstellungen/Werte«, «Verhalten» und «Kompetenzen» umfasst, in Kapitel 1.3.2.

Auf der Suche nach dem angemessenen Tempo

an einem Ort auf und spucken einen an einem anderen wieder aus. Ich bin mir gar nicht so sicher, ob wir als Menschen gemacht sind, so schnell zu reisen.» Jahrhundertelang hätten wir uns viel langsamer fortbewegt, und Rahel fragt sich, ob wir uns in den wenigen Jahren, die wir schneller unterwegs sind, wirklich schon daran gewöhnt haben und die hohe Geschwindigkeit verarbeiten können. Sie ist der Meinung, das dem Menschen angemessene Tempo wäre «eigentlich viel tiefer, als wir es heutzutage im Alltag haben». Ein hohes Tempo versetze den Körper zu sehr in Unordnung. Sie persönlich habe nach längeren Zugfahrten immer einen «komischen» Kopf und Bauch. Hingegen hält sie Langsamkeit für etwas Gesundes. Ist sie mit dem Velo oder zu Fuss unterwegs, führe das nicht nur dazu, dass sie ihren Bewegungsdrang ausleben und sich an der frischen Luft aufhalten könne. Sie fühle sich auch «anders eingebunden in die Stadt», weil sie zum Beispiel auf dem Bürgersteig Menschen treffe, die sie kennt, und nicht einfach für sich abgeschlossen im Auto sitze. Sie nehme dann alles viel direkter wahr und spüre, dass sie «ein Teil des sozialen Gefüges» sei.

2.1.1 Ohne Preis keine Mobilität

Zweimal im Monat besucht Rahel ihren Partner, der in einer anderen Stadt wohnt. Dazu reist sie mit dem Zug. Der Zug ist für sie trotz leichten körperlichen Unbehagens «für längere Distanzen eine sehr gute Alternative zum Velo». Früher hatte sie ein Generalabonnement (GA)[12] und genoss das Gefühl, jederzeit in einen Zug einsteigen und irgendwohin fahren zu können. Heute sieht sie das anders. «Ich empfinde es jetzt für mich als wertvoll, jedes Mal zu überlegen, ‹Ist mir die Fahrt das Geld wert?›, um dann zu merken, es kostet etwas.» Aus ökologischen Gründen, findet sie, sollte jede Mobilität, mit Ausnahme von Radfahren oder Zufussgehen, etwas kosten. Sie hält es für problematisch, dass man mit einem Generalabonnement «gleich viel zahlt, egal, wie weit man fährt». Dies widerspreche dem Verursacherprinzip. Allgemein sei es ein Problem des öffentlichen Verkehrs, dass er viele externe Kosten verursache, die nur durch Subventionen abge-

12 Mit einem Generalabonnement können in der Schweiz die meisten öffentlichen Verkehrsmittel kostenlos benutzt werden.

deckt werden könnten. Besser aber, als das Verhalten über das Portemonnaie zu steuern, was sie für ungerecht hält, fände sie es, wenn zum Beispiel jede Person das Recht auf eine gewisse Anzahl an Busfahrten hätte. Dies wiederum sei aber hinsichtlich der Bedürfnisgerechtigkeit (eine gehbehinderte Person ist zum Beispiel stärker auf eine Busfahrt angewiesen als eine gesunde) problematisch. Beispiele wie dieses zeigten, wie komplex gewisse Sachverhalte sind, sagt Rahel, die beruflich selber im Bereich Mobilität tätig ist.

2.1.2 Eine Option, die nicht existiert

Den motorisierten Individualverkehr lehnt Rahel entschieden ab. Auto fährt sie nie. Sie habe zwar Autofahren gelernt, sei aber so lange nicht mehr gefahren, dass sie es wohl auch nicht mehr könnte. Auch wenn sie beruflich Zugang zu einem Mobility-Abonnement habe, leihe sie nur in seltenen Fällen – zum Beispiel um ein Möbelstück zu transportieren – ein Auto inklusive Fahrer aus. Das Auto fehle ihr auch überhaupt nicht. Für sie ist das «wie eine Option, die gar nicht existiert». Hingegen sei es aber wohl schwieriger, auf ein Auto zu verzichten, wenn man sich jahrelang daran gewöhnt habe, vermutet sie. Ihr Motto sei es sowieso, so wenig Materielles wie möglich anzuhäufen, denn sie sei ein Mensch, dem es eher schwerfalle, sich von etwas zu trennen. Deshalb lasse sie es am besten gar nicht erst soweit kommen, dass sie Dinge besitze, die sie dann wieder loslassen müsste.

2.1.3 Wunsch nach Kohärenz

Aus ökologischen Gründen ist Rahel seit rund 15 Jahren nicht mehr geflogen. Manchmal leidet sie zwar ein wenig unter ihrer selbstauferlegten Beschränkung. So hatte sie vor Kurzem zwei Monate frei und wäre gerne in ein weit entferntes Land geflogen. Nach einem längeren Abwägungsprozess, bei dem sie herauszufinden versuchte, was sie sich von einer solchen Reise genau versprach, ist sie zum Schluss gekommen, dass sich ein Flug aus reinem Vergnügen nicht mit ihren Wertvorstellungen vereinbaren lässt. Zu viel von dem, was ihr wichtig ist, in diesem Zusammenhang vor allem ein niedriger CO_2-Verbrauch, hätte sie verraten müssen. Zudem wollte sie nicht einfach als «reiche Touristin in eine fremde Kultur eintauchen». Etwas anderes wäre es gewesen, wenn das Wohl einer anderen Person von einem solchen Flug abgehangen oder wenn die Reise ihre Lebensfreude enorm gesteigert hätte. Bezüglich des zweiten Punkts ist für Rahel aber klar, dass es ihr wichtiger ist, mit ihren Wertvorstellungen in Einklang zu leben. «Ich fühle mich wohler, wenn ich stimmig lebe mit dem, was mir wichtig ist.» Sie habe ein «sehr grosses Bedürfnis nach Kohärenz» und empfinde es als anstrengend, wenn sie zu sehr von ihren Überzeugungen abweiche. Rahel spricht von einer Verantwortung nicht primär anderen, sondern sich selber gegenüber.

2.2 Konsumieren ist Kompensieren

Maria: Leuchtturm im Bereich «Konsum»

«Konsumieren ist für mich negativ behaftet», sagt Maria. Sie meint damit insbesondere das Anhäufen materieller Gegenstände, hält aber auch Flugreisen, Autofahren und andere ressourcenintensive Beschäftigungen für problematisch. Ausschlaggebend für ihre Sichtweise sind hauptsächlich die ökologischen und sozialen Probleme, welche durch ein ausgeprägtes Konsumverhalten verursacht werden. Abgesehen davon ist sie grundsätzlich der Meinung, «dass Konsum immer eine Kompensation darstellt für etwas, was einem sonst fehlt im Leben». Weil es ihr ein Anliegen ist, ihre materiellen Ansprüche gering zu halten, kann sie es sich leisten, Teilzeit zu arbeiten, und hat so «sehr viel Zeit für ein enges und grosses soziales Netz», den Austausch mit anderen Menschen sowie für ihre Kinder. Sie geniesst es auch, sich für all ihre Wege Zeit nehmen zu können und zum Beispiel mit dem Velo zur Arbeit zu fahren. So sei sie morgens schneller wach und könne abends leichter entspannen. Dadurch fühle sie sich zufrieden und ausgeglichen und müsse nicht, wie sie das bei anderen manchmal beobachte, «frustshoppen» gehen.

Konsumieren ist Kompensieren

2.2.1 Konsum aus zweiter Hand

Maria lebt zusammen mit ihrer eigenen und einer anderen Familie in einem günstig gekauften eigenen Haus ohne Auto und Fernseher. Ihre Fixkosten sind sehr niedrig: Sie zahlen einen geringen Hypothekarzins, bekommen Steuer- und Krankenkassenvergünstigungen, kaufen sich nur, was absolut nötig ist und gehen praktisch nie auswärts essen. Ihr Lebensstil ist freiwillig und selbstgewählt. Maria ist sich aber durchaus bewusst, dass ihr Lebensstil nur möglich ist, weil viele Leute materiell anspruchsvoller leben. «Wir profitieren sehr von der Konsumgesellschaft. Wenn ich allein daran denke, was ich alles schon aus zweiter Hand oder in Brockenhäusern[13] gekauft habe. Auch unsere Möbel haben wir etwa zur Hälfte auf der Strasse zusammengesammelt.» Oft kämen auch Nachbarn vorbei, um zu fragen, ob sie ihre Gartenmöbel oder Spielsachen haben möchten. «Wir profitieren von den Abfällen unserer Gesellschaft.» Zusammen mit der anderen Familie haben sie Dinge wie einen Rasenmäher oder einen Veloanhänger angeschafft, die sie gemeinsam nutzen. Nur bei den Velos haben alle ihr eigenes und auch die Kinder haben Spielsachen, die nur ihnen gehören. Geht ein Gerät oder Kleidungsstück kaputt, wird es nach Möglichkeit repariert. Ihr Mann habe als Handwerker Freude am Reparieren. Bei den Kinderkleidern sei sie inkonsequent, meint Maria. Diese liefen unter Verschleissmaterial und würden, wenn sie kaputtgingen, weggeworfen. Ihre eigene Kleidung flickt Maria aber durchaus selbst.

2.2.2 Zufriedenheit als Strategie

Nur ganz selten empfindet Maria ihren Lebensstil als Verzicht im negativen Sinn: Wenn sie sich zum Beispiel in einem Umfeld bewege, in dem sie beim Thema Flugreisen oder Ferien im Fünf-Sterne-Hotel nicht mitreden könne, würde sie das auch schon mal als schmerzlich empfinden. Dann müsse sie sich aber vor Augen halten, dass sie sich dies auch leisten könnte, wenn sie mehr arbeiten würde. Sie sei gerne zufrieden und dadurch lege sie sich «die Dinge so zurecht, dass diese sie zufrieden stimmten». Dies sei ihre

13 Brockenhäuser bzw. -stuben sind Gebrauchtwarenläden, häufig mit karitativem Hintergrund.

Strategie. Dabei helfe ihr, dass sie ein bisschen phlegmatisch sei. Sie habe ihr Leben schon seit Langem auf diese Weise eingerichtet, und «wenn man einmal gewisse Gewohnheiten hat, fällt es grundsätzlich schwer, diese zu ändern». Zudem sei sie gerne gemütlich unterwegs und umgehe den Rummel und die Aufregung, wie sie etwa in grossen Kaufhäusern herrschten, was dazu führe, dass sie sich in ihrer Freizeit eher in der freien Natur als in der Shoppingmeile aufhalte. Und schliesslich müsse sie nicht alles immer sofort haben und könne je nach Lebensphase auch einmal für eine gewisse Zeit auf Dinge verzichten. So reise sie zum Beispiel zurzeit weniger als früher, weil ihre Kinder noch klein seien und es anstrengend sei, mit ihnen unterwegs zu sein. Sie wisse aber gleichzeitig, dass sie später wieder mehr werde reisen können und sei «zufrieden, wie es momentan gerade ist». Ebenfalls zufrieden mache sie, dass ihr Leben ihr viel Entscheidungsfreiheit lasse. Es sei ihr wichtig, sich vom Mainstream abzugrenzen und den eigenen Weg zu gehen. Deshalb, aber auch aus sozialen und ökologischen Gründen, möchte sie nicht «mit dem Strom unserer Konsumgesellschaft mitschwimmen». Sie habe auch nicht das Gefühl, dass übermässiger Konsum der Weg zum Glück sei.

2.2.3 Beitrag für mehr Toleranz

Es sei nicht ihr Ziel, den Leuten vorzuschreiben, wie sie leben sollten, sagt Maria. Dennoch sieht sie sich selber in einer Art Vorbildrolle, in der sie «kleine Impulse nach aussen» gebe und aufzeige, dass es möglich sei, anders als der Durchschnitt zu leben. Sie bezeichnet dies als einen kleinen Beitrag zu mehr Toleranz gegenüber Lebensformen, die sich vom Mainstream abheben. In diesem Zusammenhang erinnert sie sich an ein Gespräch mit einem Nachbarn, der wissen wollte, weshalb sie und ihr Mann mitten in der Woche tagsüber im Garten arbeiten oder kein Auto besitzen. Nach ihren Erläuterungen habe der Nachbar gemeint, ein solches Leben wäre nichts für ihn, doch er fände es interessant und gut, dass es Menschen gäbe, die so lebten. Maria ist sich aber auch bewusst, dass es ein grosses Privileg ist, den eigenen Lebensstil wählen zu können. «Wenn ich in einem anderen Land leben würde, wo der Lebensstandard nicht so hoch wäre, würde sich diese Frage gar nicht stellen. Dann müsste ich arbeiten gehen, um meine Kinder zu ernähren, und hätte gar nicht die Wahl, meinen Arbeitgeber und Arbeitsort auszusuchen.» Das Privileg, vieles im Leben selber zu entscheiden, nutzt Maria, indem sie bei ihren Konsumentscheiden auch die Nachwelt und deren Wohl mitbedenkt. Denn: «Alle sollten die gleichen Rechte und Möglichkeiten haben», betont sie.

2.3 Im Namen der Gerechtigkeit

Florian: Leuchtturm im Bereich «Gerechtigkeit»

Florian ist es wichtig, im Leben etwas Sinnvolles zu machen, sich zu engagieren und für die eigenen Werte und Ideale einzustehen. «Ich möchte in einem Feld arbeiten, in dem ich mich für soziale Gerechtigkeit und Nachhaltigkeit engagieren kann. Ich möchte klar einem Ziel dienen.» Diese Haltung zeigt sich nicht nur in seiner Arbeit, sondern zieht sich durch sein gesamtes Leben. Er spüre in sich «eine Grundverantwortung», die ihn dazu veranlasse, seinen Lebensstil so zu gestalten, dass er nicht «riesige Spuren» im Sinne eines ökologischen Fussabdrucks hinterlasse. Dass er dabei auch an die Zukunft seiner kleinen Tochter denkt, sei aber nur ein Aspekt einer tiefer reichenden Grundhaltung der «Sorge zu der Welt, die mich umgibt».

2.3.1 Zufriedenheit in der Selbstbeschränkung

Soziale Gerechtigkeit und Umweltverantwortung sind die Werte, die Florian antreiben. Doch weil sein Charakter «ein wenig calvinistisch geprägt» sei, sieht er auch in der Sparsamkeit einen Wert. Es ist ihm ein Anliegen, nicht verschwenderisch zu sein, was sich in vielen Lebensbereichen zeigt. So bezeichnet er sich selber als wenig konsumorientiert. Es koste ihn regelrecht Überwindung, wenn er sich zum Beispiel neue Kleidung kaufen müsse. Kauft er sich etwas, freut er sich am meisten darüber, diesen Gegenstand möglichst lange und ausgiebig gebrauchen zu können. «Gerade beim Handy habe ich das Gefühl, dass ein Langzeitgebrauch gut ist, weil ich somit alles aus dem Gerät herausgeholt habe. Somit kann man es am Ende seiner Lebensdauer mit gutem Gewissen entsorgen.» Dringende Kon-

Freude an der Langlebigkeit

sumbedürfnisse verspüre er eigentlich nur dort, wo es darum gehe, etwas zu kaufen, was nachhaltiger sei als das bereits Vorhandene. Ansonsten geniesse er das Gefühl von Leichtigkeit und Freiheit, welches ein auf wenig materiellen Komfort ausgerichteter Lebensstil mit sich bringe. Er finde «in der Selbstbeschränkung und der materiellen Bescheidenheit Zufriedenheit». Auch das Gefühl, etwas Gutes und Richtiges zu tun und neue Wege abseits des Mainstream zu begehen, erfülle ihn mit Zufriedenheit. Dass er dabei nicht immer vollständig konsequent sei und zum Beispiel nicht auf die Annehmlichkeiten einer grossen Wohnung verzichten möchte oder sein Leben vollständig dem Verzicht verschreiben will, mache ihm zuweilen Mühe. Er bedauere es, nicht «so der Aktivist» zu sein, der «alles für die eigene Überzeugung aufgibt». Denn er habe an sich schon den Anspruch, «wenn ich etwas mache, [dass ich] es auch richtig durchziehe und mir selber gegenüber glaubwürdig bleibe».

2.3.2 Hin zu anderen Werten

Nebst dem Bemühen, im Privaten möglichst nachhaltig zu leben, wünscht sich Florian auch gesellschaftliche Veränderungen hin zu entsprechenden Werten: «Ich bin der Ansicht, wenn die Gesellschaft sich in eine Richtung entwickeln würde, bei der möglichst viele Menschen eine würdige Existenz haben könnten und die individuellen Ansprüche der Einzelnen nicht mehr so gross wären, man zu einem kollektiv besseren Zustand finden könnte.» Konkret umsetzen liesse sich dies seiner Meinung nach zum Beispiel durch eine Umverteilung der Arbeit. Das Schaffen von mehr Teilzeitstellen würde dazu führen, dass Privat- und Berufsleben besser miteinander vereinbart werden könnten. Zudem schüfe eine Aufteilung der Stellen mehr Arbeitsplätze und somit mehr Arbeit für mehr Menschen. Vorausgesetzt, die Löhne reichten auch bei einer Teilanstellung zur Abdeckung der Grundbedürfnisse aus, müsste niemand mehr mit Existenzängsten kämpfen. Zudem bliebe neben der Arbeit mehr Zeit für Familie, Freunde und Hobbies und, so Florian, auch «mehr Platz für Werte, welche sich nicht nur auf Beruf, Karriere und Wohlstand beziehen».

2.3.3 Ein positiver Blick in die Zukunft

Angesichts der aktuellen Lebenserwartung rechnet Florian damit, dass er und seine Familie noch erleben werden, wie es «bergab geht mit den Ressourcen aufgrund des heute üblichen, sorglosen Umgangs damit». Er ist überzeugt, in einem Alter, in dem er weniger flexibel und dynamisch sein werde als jetzt, Anpassungsleistungen verschiedenster Art (zum Beispiel an höhere Ölpreise) vornehmen zu müssen. Dass er angesichts dieser Perspektiven nicht in Panik oder hoffnungsloses Nichtstun verfalle, hänge für ihn eng mit seinem Lebensstil zusammen. Die Tatsache, dass er und andere ihr Leben nachhaltig gestalten, sowie das Gefühl, handlungsfähig zu sein und etwas zu einer besseren Zukunft beitragen zu können, helfen ihm dabei, Zukunftsängste abzubauen und trotz allem eine grundsätzlich positive Zukunftsperspektive einzunehmen.

2.4
Glück durch Meditation

Alexander: Leuchtturm im Bereich «Spiritualität»

Spiritualität steht für Alexander «am Anfang und am Ende», weil sie «bestimmt, wie wir mit allem umgehen; mit allem Schönen und mit allem Unschönen». Er meditiert seit Jahren und erlebt in der Meditation «die grössten Glücksgefühle». Das Meditieren hat auch eine wichtige Bedeutung für seinen Lebensstil: Beim Meditieren «geht's ja auch nicht nur um mich, da geht's auch um die anderen, um mein Tun, mein Verhalten und vor allem meine Motivation – ist meine Motivation egoistisch oder ist sie altruistisch? Wenn ich etwas nur für mich mache, dann fühlt sich das ganz anders an, als wenn ich etwas auch für andere mache und andere einbeziehe. Wenn ich nur meinen Egotrip auslebe, dann kann ich mir alles kaufen und denke, ich bin glücklich. Aber wenn ich nach innen schaue, merke ich, dass ich eigentlich sehr eng bin und voller Gier, voller Abneigungen und Neid, und das sind alles nicht besonders tolle, angenehme Gefühle.» Beim Meditieren gehe es darum, dass man sein Leben achtsam lebe, das bedeutet, klar, bewusst und gegenwärtig zu sein und die Dinge, die um einen herum oder im eigenen Inneren vor sich gehen, wahrzunehmen. Wichtig sei dabei aber, das Wahrgenommene nicht zu analysieren und einzuordnen, sondern stehen zu lassen: «Achtsamkeit hat nichts mit Gedanken und mit Intellekt zu tun.» Es gehe auch nicht darum, sich besser zu fühlen als andere. Vielmehr sollte gerade vermieden werden, in Kategorien wie «gut» oder «böse» zu denken. Meditieren helfe, seinen Geist offen und beweglich zu halten, sich selber und sein Handeln zu hinterfragen und Dinge auch einmal ganz anders zu machen.

Eng mit der Achtsamkeit hänge auch eine andere spirituelle Praxis zusammen: Das Mitgefühl mit allen lebenden Wesen inklusive der Natur. Wer Mitgefühl empfinde, überlege sich, was sein Verhalten für Auswirkungen auf andere habe, und finde es nicht in Ordnung, wenn das eigene Handeln bei anderen Lebewesen[14] Leid verursache. Aber auch der Natur dürfe nicht unnötig Schaden zugefügt werden.

2.4.1 Weniger ist mehr

Dass Alexander sein Glück in der Meditation findet und nicht im Kauf materieller Gegenstände, erleichtert ihm, sein Kaufverhalten bewusst zu steuern. Obwohl auch er sich ab und zu verlockt fühlt – insbesondere von technischen Gadgets –, findet er in dem Bewusstsein, viele materielle Gegenstände schlicht nicht zu brauchen, ein Gefühl grosser Freiheit. Er spüre in sich eine «tief verankerte Überzeugung, dass das Glück eben nicht in all diesen tollen materiellen Sachen zu finden ist, oder wenn, dann einfach in Form eines sehr kurzfristigen, schnellen Glücks, das nicht anhält. [...] Ich bin glücklich ohne diese vielen Dinge, die man dann auch noch unterhalten und reparieren oder updaten und weiss nicht was alles muss, was wieder Zeit frisst.» Er empfindet es als «wahnsinnig befreiend», nichts kaufen zu müssen, nichts zu brauchen, was einen belastet. Wenn er sich dennoch hin und wieder etwas kauft, achte er auf Langlebigkeit und Qualität.

Seine Genügsamkeit zeigt sich auch bei der Ernährung, wo er gut auf eine grosse Auswahl verzichten kann. «Ich brauche zwei, drei gute Produkte», sagt er, und nicht zum Beispiel zehn verschiedene Sorten Joghurt.

---

14 Damit sind Menschen und Tiere gemeint.

Spiritualität oder das stille Glück

Er betont auch die physische Last von materiellem Besitz, die einem beispielsweise das Umziehen erschwere. Seine Fähigkeit, mit wenig zufrieden zu sein, helfe ihm bei der Umsetzung eines suffizienten Lebensstils sowie auch die Tatsache, dass er ein geduldiger Mensch sei und es gut aushalten könne, wenn es einmal nicht so angenehm sei.

2.4.2 Bewusstseinswandel durch Meditation

Alexander überlegt sich oft, wie man Menschen dazu bringen könnte, ihr Bewusstsein zu erweitern, damit sie vermehrt auch an andere Lebewesen denken und die Auswirkungen ihres Handelns hinterfragen. Er ist der Meinung, dass mehr Menschen suffizienter leben würden, wenn sie ein anderes Bewusstsein hätten, das sie über den eigenen Tellerrand herausblicken und das eigene Verhalten in einem grösseren Kontext sehen liesse. Deshalb fände er es wichtig, dass Achtsamkeit bereits in der Schule eingeübt würde.[15] Die Menschen müssten darin geschult werden, innere Vorgänge wie Gedanken, Motivationen und Absichten wahrzunehmen und ehrlich mit sich selber zu werden. Dies würde ihr Bewusstsein verändern. Und wenn die Menschen ein anderes Bewusstsein hätten, würden sie auch anders handeln. Darin sieht er eine grosse Kraft. Alexander ist überzeugt, dass in dem Ausmass, in dem er sich verändert, er auch die Welt verändert. Und nebenbei würden die Menschen durch Meditation auch noch glücklicher.

2.5 Ein geteiltes Leben ist ein gutes Leben

Tanja: Leuchtturm im Bereich «Gemeinschaftlichkeit»

«Um einen möglichst suffizienten Lebensstil erreichen zu können, ist es extrem wichtig, sich bewusst zu sein, dass dies nur gemeinsam möglich ist», sagt Tanja. Es ist dieser Sinn für das Gemeinschaftliche, der Tanjas Leben durchdringt. Alleine könne man in Sachen Nachhaltigkeit zwar einiges

15 Dieser Vorschlag deckt sich mit den Erkenntnissen von Marcel Hunecke (2013), der in «Achtsamkeit» eine von sechs zentralen psychischen Ressourcen zur Förderung eines nachhaltigen Lebensstils sieht.

Ein geteiltes Leben ist ein gutes Leben

tun, wie zum Beispiel Sparlampen benutzen, Wasser sparen, Bioprodukte kaufen, recyceln oder velofahren. Jedoch sei der Aktionsradius sehr beschränkt. Hingegen öffneten sich extrem viele Möglichkeiten, wenn man zum Beispiel mit zehn Personen zusammen versuche, das Leben so zu gestalten, wie man es für richtig halte, miteinander diskutiere, sich austausche und vom gegenseitigen Wissen profitiere.

2.5.1 Weil es Sinn macht

Tanja fühlt sich wie «verpflichtet gegenüber der Gesellschaft oder der Welt», sich Gedanken zu machen und entsprechend zu handeln. Um Ressourcen zu sparen und die Umwelt weniger zu belasten, versucht sie, möglichst viel zu teilen. Mit den anderen Bewohner(inne)n ihrer Wohngemeinschaft teilt sie den Aufenthaltsraum, die Küche und das Bad sowie Nahrung, Werkzeuge und technische Geräte. Dabei betont sie, wie viel effizienter man die Dinge nutzen könne, wenn nicht jede Person ihre eigene Bohrmaschine oder Kocheinrichtung habe. Auch sie selber leihe gerne ihre Dinge aus, was ja eine «abgeänderte Art von Teilen» sei. Grundsätzlich versuche sie, Dinge weiterzuverwerten und nichts Neues zu kaufen, wenn es nicht nötig sei, was es sehr oft nicht sei, weil sie auch vieles auf der Strasse fände, angefangen von Möbelstücken bis hin zu Kleidung.

2.5.2 ... vor allem aber, weil es Spass macht

Das Bad nicht direkt in der Wohnung zu haben, sei schon etwas unbequem, sagt Tanja, die zurzeit auf einem Fabrikareal wohnt. Jedoch empfinde sie das Unbequeme als interessant, weil es ihr viele neue Perspektiven eröffne, sodass sie nicht darunter leide, wenn sie auf gewisse Dinge verzichte. Am Leben in der Gemeinschaft gefalle ihr vor allem der Kontakt mit anderen Menschen. Sie teile ihre Zeit sehr gerne mit anderen und geniesse es, sich auszutauschen und gemeinsam spannende Projekte voranzutreiben. Sie empfinde es als grosses Glück, dass sich ihr durch ihren Lebensstil und das damit verbundene Netzwerk sehr viele Türen öffneten. Sie habe in ihrem Leben sehr viel Gestaltungsfreiheit und könne immer wieder neue, interessante Dinge tun. So käme nie ein Alltagstrott auf. Deshalb wünscht sie sich auch für die Stadt, in der sie wohnt, noch mehr Freiräume für Menschen, die «in irgendeiner Art und Weise in Projekte und Organisationen involviert sind, welche sich Gedanken machen zu Suffizienz, Umweltschutz, alternativen Wirtschaftsformen und Ähnlichem».

2.5.3 Ein alternatives Wirtschaftssystem

Wenn Tanja sich nicht gerade unterwegs verpflegt, ernährt sie sich aus dem eigenen Gemeinschaftsgarten. Frei nach dem Motto «Das beste Gemüse ist das, welches man selber anpflanzt!» bewirtschaftet sie mit anderen zusammen einen grossen Garten. Nebst den praktischen Vorteilen, zum Beispiel, dass man sich die Arbeiten und die Gartengeräte teilen kann, sehen Tanja und ihre Mitgärtner(innen) ihren Garten auch als «alternatives Wirtschaftssystem». «Es ist nicht so, als produziere man etwas für einen Markt, bei welchem man noch nicht weiss, wer es schlussendlich kauft, sondern wir legen das zusammen. Die Konsumierenden produzieren quasi ihr eigenes Gemüse, aber weil es so viele sind, kann man sich zusätzlich ein oder zwei Gartenfachkräfte leisten, welche das Gemüse fachkundig anbauen.» Dies habe den Vorteil, dass man jeden Produktionsschritt kenne und gutheissen könne. Zudem benötige eine solche Produktion weniger Input, also zum Beispiel weniger Aufwand für die einzelne Person. Jede(r) Beteiligte bekommt wöchentlich eine Tasche mit einer Portion Gemüse für insgesamt rund 550 Franken im Jahr. Auch in anderen Bereichen versuchen Tanja und ihre Gemeinschaft herauszufinden, «wie man es anders organisieren oder managen kann, damit ein gutes Leben sich nicht mehr in diesem Wachstumscredo befinden muss». Wenn alles auf Wachstum ausgerichtet ist, gehe vieles andere verloren, meint Tanja. Bei ihren Gemeinschaftsproduktionen achteten sie darauf, dass sie nicht zu gross würden, weil sonst die Gefahr bestünde, nicht mehr demokratisch agieren und die persönlichen Beziehungen nicht mehr aufrechterhalten zu können.

2.6
Fazit

Dass auch Leuchttürme sich nicht selten in Widersprüche verstricken oder es ihnen schwerfällt, die eigenen Werte und Einstellungen konsequent zu leben, tut ihrer Leuchtkraft unserer Ansicht nach keinen Abbruch. Vielmehr wird dadurch deutlich, wie wichtig die Fähigkeit der Selbstreflexion und die Bereitschaft, für die Umsetzung eines suffizienten Lebensstils an sich zu arbeiten, sind. Dies halten wir für eine wichtige Botschaft, da sie zeigt, dass alle, die wollen, suffizient leben können und nicht nur einige wenige, die per Zufall zum Beispiel von Natur aus einen besonders genügsamen Charakter aufweisen oder nicht gerne einkaufen gehen.

3
Gelebte Suffizienz in der Schweiz

Wie gestalten Menschen mit einem suffizienten Lebensstil ihr Leben in den Bereichen Mobilität und Alltagskonsum? Was motiviert sie zu ihrem Verhalten? Welche Einstellungen und Werte liegen ihrem Verhalten zugrunde? Und welche Kompetenzen unterstützen ihren Lebensstil?

Im Folgenden werden zuerst die für einen suffizienten Lebensstil wichtigen Verhaltensweisen der Interviewten in den Bereichen Mobilität und Alltagskonsum vorgestellt. Anschliessend gewähren wir Einblicke in die zentralen zugrunde liegenden Werte und Einstellungen sowie Kompetenzen der Befragten.[16]

3.1
Verhaltensdimension

3.1.1 Menschen mit einem suffizienten Lebensstil sind sanft[17] unterwegs

Unsere Befragten legen ihre Arbeits-, Einkaufs- und Freizeitwege grundsätzlich mit öffentlichen Verkehrsmitteln, dem Velo oder zu Fuss zurück. Sie nutzen den motorisierten Individualverkehr (MIV) also nur sehr reduziert und legen nach eigener Schätzung maximal 10.000 Kilometer pro Jahr als Fahrer(in) oder Mitfahrer(in) zurück. Drei der 16 Befragten geben an, ihren Wohnort sogar bewusst so gewählt zu haben, dass sie nicht auf ein Auto angewiesen sind. Wird ein Auto benutzt, so handelt es sich meist

---

16 Die Darstellung orientiert sich an den Mindestkriterien für einen suffizienten Lebensstil, die im ersten Kapitel vorgestellt wurden, und wird um Kriterien ergänzt, die sich im Zuge der Auswertung der Befragungen zusätzlich als relevant gezeigt haben.

17 Sanfte Mobilität steht für ein politisches Konzept, das als nachhaltig, umweltschonend, sozial verträglich und unfallarm bezeichnete Fortbewegungsarten wie Zufussgehen, Radfahren und die Benutzung öffentlicher Verkehrsmittel (ausgenommen Flugverkehr) fördern will (https://de.wikipedia.org/wiki/Sanfte_Mobilität; Zugriff am 03.03.2016).

um eine aussergewöhnliche Situation, zum Beispiel wenn ein Möbelstück transportiert werden soll. Nebst ökologischen Aspekten, die im Vordergrund stehen, begründen die Befragten ihre Mobilitätswahl in Bezug auf den ÖV mit der guten Infrastruktur in der Stadt. Man komme «in jedes Kaff[18] mit dem Bus», wie Sabine meint. Zudem sei es zum Beispiel im Zug stressfreier, als wenn man selber Auto fahren müsse, und man könne etwas lesen oder arbeiten. Ausserdem müsse man keinen Parkplatz suchen. Bemängelt wird von Jasmin allerdings, dass viele öffentliche Verkehrsmittel häufig überfüllt seien.

Für das Velo spreche, dass es schnell (insbesondere in der Stadt), umweltfreundlich, leise, günstig, platzsparend und gut für die Gesundheit und Fitness sei, weil man sich bewege und sich draussen an der frischen Luft aufhalte. Velofahren mache vielen Befragten auch einfach Spass. Florian fühlt sich mit dem Velo selbstbestimmter, weil er sich «nicht an einen Fahrplan halten» müsse, «verschiedene Routen nehmen» und losfahren könne, wann er wolle. Und auch Jasmin betont, dass sie die Abwechslung schätze, die sie habe, wenn sie «mal da, mal dort» durchfahre und nicht immer denselben Weg nehmen müsse. Dasselbe Argument der vielen verschiedenen möglichen Routen wird auch für das Zufussgehen angeführt. Adrian empfindet es überdies als «schön», sich «in der Landschaft und im Quartier zu bewegen».

Suffizient lebende Personen fliegen maximal ein Mal pro Jahr. «Dass wir nicht fliegen, ist für uns beide klar», stellt Thomas für sich und seine Partnerin fest, und auch Rahel ist seit dem Jahr 2000 nicht mehr geflogen – oder durchschnittlich maximal einmal pro Jahr. Jonathan hat sich grundsätzlich gegen das Fliegen entschieden, da er festgestellt habe, dass es ihm, abgesehen von den ökologischen Auswirkungen, auch selbst nicht gut tue. Er fühle sich körperlich unwohl und habe Mühe, am neuen Ort eine «Präsenz aufzubauen». Thomas und Albrecht verspüren überhaupt nicht das Bedürfnis, so weit wegzugehen, dass eine Flugreise erforderlich wäre. «Es gibt ganz viel, was man mit dem Zug machen kann», wie Thomas feststellt. «Europa ist riesig, da hab ich längst nicht alles gesehen.»

18 Umgangssprachlich für Dorf/Kommune.

Für einige Interviewte stellt das Fliegen aber ein Dilemma dar, und es fällt ihnen nicht leicht, darauf zu verzichten. So ist vor allem «das Thema Ferien [...] ein heikles Thema», denn «Fliegen ist ökologisch gesehen ein wahnsinniger Patzer», bemerkt Anton und spricht damit aus, was auch die anderen bewegt. Flüge, die beruflich erfolgen müssen, liegen zwar nicht oder nur sehr begrenzt in der eigenen Verantwortung, werden aber dennoch als problematisch wahrgenommen. «Das [Fliegen] wird erwartet von mir, und das finde ich schwierig», wie Sabine kritisch anmerkt. Auch Florian legt aus ökologischen Gründen Wert darauf, wenig zu fliegen, und versucht, wenn irgend möglich, Flüge zu vermeiden und stattdessen andere Verkehrsmittel zu nutzen. Der Kauf von Myclimate-Flugtickets ist für ihn allerdings keine Option, da es ihm «wie Ablasshandel erscheint». Im Wissen um die CO_2-Bilanz von Flügen versucht auch Tanja, ihre Flugreisen einzugrenzen, gibt aber zu, dass sie nicht völlig darauf verzichte. Auch Manuel gesteht sich alle zwei bis drei Jahre einen Flug zu, um Verwandte auf den Kanarischen Inseln zu sehen. Im nächsten Jahr will er seine Tochter in Australien besuchen und wird im Bewusstsein der massiven negativen Auswirkungen auf die CO_2-Bilanz noch prüfen, ob auch eine Schiffsreise infrage käme. Er befürchtet jedoch, dass dies aus zeitlichen Gründen keine Alternative sein wird.

3.1.2 Suffizient lebende Personen konsumieren fair und ökologisch

Unsere Befragten konsumieren nicht nur durchschnittlich weniger; wenn sie konsumieren, dann orientieren sie sich auch an Kriterien der Nachhaltigkeit: Sie kaufen «bio» und «Fair Trade» und achten auf die Langlebigkeit von Produkten. Ausserdem reparieren sie, wann immer möglich, und teilen und tauschen ihre Dinge mit anderen.

Essen und trinken

Alle Befragten geben an, hauptsächlich biologische, in der Region produzierte und saisonale sowie fair gehandelte Lebensmittel einzukaufen. Sie sind über die verschiedenen Labels informiert, stehen diesen teilweise aber auch kritisch gegenüber. So kauft etwa Jasmin keine Bioprodukte aus Spanien mehr ein, weil dort die Arbeitsbedingungen so schlecht seien. Drei Personen ziehen es vor, möglichst viele Produkte (zum Beispiel Wein) bei Anbietern zu beziehen, die sie persönlich kennen. Eingekauft wird vorwiegend im lokalen Bio- oder Dorfladen oder auf dem Wochenmarkt. Einige unserer Befragten sind Mitglieder bei einer Genossenschaft und beziehen wöchentlich eine Tasche mit Gemüse oder unterstützen die regionale Gartenkooperative Ortoloco[19] oder Food-Coop[20]. Abweichungen von diesem Verhalten werden damit begründet, dass gerade biologische Lebensmittel oft teurer sind als andere. Aber auch Gründe der Lust lassen einige Interviewte hie und da ihren Idealen untreu werden.

Alle Befragten essen wenig oder gar kein Fleisch. Drei Personen geben an, sich vegan zu ernähren. Die Motive sind tierethischer Natur: «Mir ist es wichtig, so zu leben, dass ich mit meinem Verhalten nicht schädige, eben auch gerade, was Tiere angeht, dass Tiere nicht leiden müssen», wie Alexander sagt. Oder ökologischer Natur: «Es ist irrsinnig, dass man wertvolle Nahrungsmittel an Tiere verfüttert, um nachher die Tiere zu essen, und auf diesem Weg eigentlich viele Ressourcen vergeudet», meint Jonathan.

Neben der Angabe von ökologischen (Ressourcen- und Klimaschonung) und sozialen (Unterstützung lokaler Akteure, faire Produktionsbedingungen) Faktoren begründen die Interviewten ihr Verhalten beim Kauf und Verzehr von Lebensmitteln auch damit, dass die von ihnen gewählten Nahrungsmittel gesünder, geschmackvoller und nahrhafter seien.

Putzen und pflegen

Bei den Reinigungsmitteln werden fast ausschliesslich solche gekauft, die natürlich und biologisch abbaubar sind, etwa von Held, Waschbär[21] oder, je nach Budget, auch ökologische Produkte von Coop oder Migros. Jasmin

---

19 www.ortoloco.ch (Zugriff am 29.02.2016).

20 Unter einer Food-Coop oder Lebensmittelgenossenschaft versteht man den Zusammenschluss von Personen und Haushalten zwecks gemeinsamen Einkaufs von Lebensmitteln. Neben der Möglichkeit, Lebensmittel aus Ökoanbau zu günstigeren Preisen zu beziehen, geht es je nach Kooperative auch um die Förderung der ökologischen Landwirtschaft, Verzicht auf Pestizide, Gülle und Gentechnik, Unterstützung von Bauern aus dem Umland mit Direktvermarktung und kurzen Transportwegen und Förderung des fairen Handels (https://de.wikipedia.org/wiki/Foodcoop; Zugriff am 29.02.2016).

21 Held ist ein Hersteller von ökologischen Waschmitteln. Waschbär ist ein Hersteller und Versandhaus von ökologisch hergestellten Produkten.

verwendet zum Putzen hauptsächlich Essig. Jonathan achtet darauf, Mittel ohne synthetische Zusätze zu kaufen.

Bei den Körperpflegeprodukten fühlen sich einige noch unsicher zu bestimmen, worauf geachtet werden soll. Nur zwei Personen geben an, dass sie ausschliesslich Produkte im Bioladen oder bei Bodyshop kaufen. Daneben wird auch betont, wie wichtig der Kauf von Produkten in Seifenform oder zum Nachfüllen sei, weil so auf aufwendige Verpackungen verzichtet werden könne.

Sich kleiden

Die grosse Mehrheit der Befragten achtet beim Kauf von Kleidung auf bestimmte Kriterien: Knapp die Hälfte gibt an, biologisch hergestellte (zum Beispiel aus Biobaumwolle) und Fair-Trade-Kleidung zu kaufen (zum Beispiel von Naturaline, Switcher oder Armedangels). Einige kaufen ihre Kleidung vor allem in Secondhandshops, Brockenstuben oder auf dem Flohmarkt.

Insgesamt wird der Kauf von Bekleidung als schwierig empfunden. Bemängelt werden unzureichende Ästhetik und die teilweise hohen Preise. Zudem wird kritisiert, dass es gerade bei Schuhen (insbesondere bei Sportschuhen) und Unterwäsche sowohl an Informationen als auch an Auswahl fehle, die den eigenen Kriterien gerecht werde.

Inanspruchnehmen von Dienstleistungen

In diesem Bereich wurden insbesondere die Wahl des Finanzdienstleisters, des Strommix und der Krankenkasse erfragt. Die grosse Mehrheit unserer Befragten gibt an, ihre Ersparnisse nicht bei einer der Grossbanken zu haben, sondern vor allem bei der Postbank, der Raiffeisenbank, der Alternativen Bank (ABS) und bei der Gemeinschaftsbank Basel. Alexander begründet seine Wahl der Raiffeisenbank damit, dass diese «einfach auch nicht so im ‹big business›, in diese ganz globalen Bankgeschäfte verwickelt» sei. Rund die Hälfte der Befragten bezieht Ökostrom, also einen Strommix ohne Kernkraftstromanteil. Einige weisen aber auch darauf hin, dass auf den Strommix nicht immer Einfluss genommen werden könne, weil sie zum Beispiel in Wohngemeinschaften wohnten. Bei der Wahl der

Krankenkasse geben manche an, weniger genau über die ökologischen oder sozialen Wirkungen von deren Wirtschaften Bescheid zu wissen und dass sie sich daher vor allem von Kostengründen leiten lassen.

Anschaffung grösserer Güter wie zum Beispiel Möbel

Möbel kaufen unsere Befragten hauptsächlich in der Brockenstube, bei einem lokalen Schreiner oder aber sie stellen sie selber her, wobei Holz aus der Region oder FSC-Holz[22] verwendet wird. Möbelhäuser wie IKEA werden nur in seltenen Fällen, wenn zum Beispiel anderweitig nichts Passendes gefunden wurde oder wenn es um Kostenfragen geht, aufgesucht. Grundsätzlich sollen die Möbel von guter Qualität und langlebig sein, so das Credo der Befragten. Viele schätzen auch den persönlichen Bezug zu einem Möbelstück.

Reparieren

Wann immer möglich, werden Gegenstände selber repariert oder zur Reparatur gegeben, anstatt neue anzuschaffen. Dies erfolgt am häufigsten bei Schuhen und Kleidung. Bei Elektrogeräten wird das Prinzip aber oft dadurch durchkreuzt, dass die Geräte nicht (mehr) repariert werden können oder eine Reparatur so teuer käme, dass eine Neuanschaffung wesentlich preiswerter wäre. Kritisiert wird hierbei auch «geplante Obsoleszenz», das heisst, dass Geräte vom Hersteller absichtlich so konstruiert werden, dass sie nach einer wesentlich kürzeren Zeit kaputtgehen, als es ihrer eigentlichen technischen Gebrauchsdauer entspricht. Viele Interviewte wünschen sich ein Repaircafé in ihrer Nähe, wo sie gemeinsam mit anderen kostengünstig defekte Gegenstände selber reparieren und dabei gegenseitig von ihrem Know-how profitieren könnten.

Teilen und tauschen

Viele unserer Befragten geben an, dass sie ihren materiellen Besitz gerne mit anderen teilen oder tauschen. Neben dem praktischen Effekt wird beim Teilen und Tauschen insbesondere der immaterielle Austausch mit ande-

22 Siehe www.info.fsc.org (Zugriff am 11.04.2016).

ren Menschen sehr geschätzt. Tauschen wird von Jonathan als etwas «Stimmiges» bezeichnet: «Das Tauschen ist schon sehr erfüllend dadurch, dass man nicht Geld zählen muss, sondern hineinspürt, was etwa der Wert eines Produktes sein könnte.» Beim Teilen gehe es vor allem darum, dass die Dinge effizienter genutzt werden. Die meisten Befragten geben an, vor allem im Freundes- und Bekanntenkreis Sachen gemeinsam zu nutzen. Dabei werden die unterschiedlichsten Dinge getauscht und geteilt, wie Werkzeuge, Autos und Velos, Elektrogeräte, Kinderspielsachen, Bücher, Kleider, aber auch Räume. Einige Personen sind Mitglieder bei Organisationen, die das gemeinsame Nutzen bzw. Teilen institutionalisiert haben, wie beispielsweise bei Mobility Carsharing[23] oder in einer Gartenkooperative, wo gemeinsam Gemüse angebaut wird.

3.2 Werte und Einstellungen

Nach der Darstellung der für einen suffizienten Lebensstil wichtigen Verhaltensweisen unserer Interviewten in den Bereichen Mobilität und Alltagskonsum stellt sich nun die Frage, welche Werte und Einstellungen diesen zugrunde liegen.

3.2.1 Übergreifend: Gerechtigkeit

Gerechtigkeit wird von den Befragten als zentraler Wert erachtet. Viele teilen die Überzeugung, dass sich Gerechtigkeit nicht nur im Verhalten gegenüber anderen Menschen niederschlagen sollte, sondern gegenüber allen Lebewesen. Dabei gilt die Fähigkeit, Mitgefühl zu empfinden, als sehr wichtig. Sabine illustriert ihre Sichtweise mit dem Ausspruch Albert Schweitzers: «Ich bin Leben, das leben will, inmitten von Leben, das leben will.» Die Vorstellungen der Interviewten von Gerechtigkeit umfassen das Bedürfnis, in einem guten Gleichgewicht zu leben mit der Umwelt und den Mitmenschen und dafür im individuell möglichen Mass auch Verantwortung zu übernehmen. Anton sieht den Menschen als Teil des Ganzen und

23 Mobility Carsharing ist das marktführende Schweizer Carsharing-Unternehmen.

möchte mit seinem Leben diesem Ganzen «eine Art Überlebensfähigkeit schenken». Aufgrund der Tatsache, dass es ihnen in ihrem Leben so gut gehe und dass auch ihre Grundvoraussetzungen von vornherein besser seien, fühlen sich viele der Befragten verpflichtet, an einer Verbesserung der Situation derer, denen es weniger gut geht, mitzuwirken. Damit möchten sie zu einer gerechteren Welt beitragen.

3.2.2 Intragenerationelle Gerechtigkeit

Die ungerechte Verteilung der Lebenschancen und der Ressourcen zwischen den gegenwärtig lebenden Menschen im globalen Norden und im globalen Süden ist den Befragten sehr bewusst. Alexander bringt das Problem der ungerechten Ressourcenverteilung auf den Punkt: «Wenn ich etwas konsumiere, etwas kaufe, ein Gerät oder ein Auto, dann hat im Prinzip jeder Mensch das Recht, sich auch ein Gerät oder ein Auto zu kaufen.» Die Interviewten kritisieren insbesondere die Ungerechtigkeit und Ungleichheit in Bezug auf die Arbeits- und Produktionsbedingungen im globalen Süden und nennen als Beispiel vor allem die Kleidungsherstellung. Offensichtlich haben die in den Medien zunehmend aufgezeigten sozialen und ökologischen Missstände in der Kleidungsindustrie zu einer hohen Sensibilisierung unserer Befragten beigetragen. Auch die Art und Weise, wie Elektronikschrott, insbesondere Computer, verschifft und ausgeschlachtet wird, um wertvolle Rohstoffe zurückzugewinnen, sowie die damit verbundenen gesundheitlichen Risiken werden kritisiert. Kinderarbeit, niedrige Löhne, der ungeschützte Umgang mit Giftstoffen und grundsätzlich fehlende soziale Standards sind Themen, die die Befragten stark beschäftigen, und sie versuchen, mit ihrem Verhalten zu einer gerechteren Entwicklung beizutragen, dies generell über die Menge an Ressourcen, die sie verbrauchen, und konkret durch ihr individuelles Konsumverhalten.

3.2.3 Intergenerationelle Gerechtigkeit

Das Gefühl der Verantwortung erstreckt sich auch auf die kommenden Generationen, und es wird diesen gegenüber als unverantwortlich erachtet, wie wir im globalen Norden heute leben. Unsere Befragten bedenken die Konsequenzen ihres Lebens und Handelns auch für zukünftiges Leben und sehen es als ihre Pflicht an, die Natur zu schützen, sodass auch die kommenden Generationen sich noch daran erfreuen und sie nutzen können. Florian ist es explizit ein Bedürfnis, mit seinem Leben keine grossen Spuren im Sinne von Schäden zu hinterlassen. Insgesamt haben die Gespräche aber gezeigt, dass das Streben nach intergenerationeller Gerechtigkeit bei den Befragten weniger stark ausgeprägt ist als das nach intragenerationeller Gerechtigkeit.

3.2.4 Verantwortung gegenüber der natürlichen Umwelt

In den Interviews zeigte sich im Übrigen, dass das Begriffsverständnis von Natur bei den Befragten sehr unterschiedlich ist. Die einen empfinden sich als Teil der Natur. So betont etwa Anton: «Ich bin ja ein Teil des Systems, ein Teil des Ganzen.» Während die anderen beim Begriff «Natur» primär an die natürliche Umwelt im Sinne von Tieren und Pflanzen denken und bemüht sind, «mit der Natur zusammenzuarbeiten, das Wechselspiel so zu gestalten, dass es für beide aufgeht», wie Tanja es beschreibt. Unabhängig davon teilen aber alle ein Gefühl der Verantwortung gegenüber der Natur. Die Begründungen dafür sind vielfältig und werden von Person zu Person unterschiedlich gewichtet. So betonen die einen, dass Natur die Grundlage allen Lebens sei und dass man ihr alleine schon aufgrund dessen Respekt und Achtung entgegenbringen müsse; es sozusagen eine Pflicht sei, sie sorgsam zu behandeln. Tabea und Konrad sehen Natur nicht als etwas, das ihnen zur Verfügung steht und bei dem sie sich quasi bedienen können, sondern als «anvertraute Schöpfung». Allein schon die Tatsache, dass der Mensch zunehmend Macht über die Natur gewinnt und ihr entsprechend auch Schaden zufügen kann, verstärkt das Gefühl der Verantwortung für das eigene Handeln und dessen Konsequenzen. Albrecht fühlt sich verantwortlich für sein Handeln, «damit der Mensch [...] [mit der natürlichen Umwelt] eine Überlebenschance hat, respektive die Umwelt eine Überlebenschance hat mit uns Menschen», und folgert daraus: «Wir haben nicht das Recht, alles für uns zu beanspruchen. Wir sind einfach ein Teil der Welt.» Einige stellen die Bedeutung der Natur als Wert für den Menschen, den es zu erhalten gelte (anthropozentrische Sichtweise des Nachhaltigkeitskonzepts), in den Vordergrund, während andere Natur als Eigenwert (zum Beispiel United Nations 1992) sehen und ihr daher unabhängig von einem (potenziellen) Nutzen für den Menschen einen Wert zuschreiben. Am ehesten dürften sich die Befragten mit der Aussage von Sabine identifizieren: «Ich finde, die Natur hat ganz klar ihren eigenen Wert, aber zuerst kommt für mich doch immer der Mensch.»

3.2.5 Verbundenheit mit allen Lebewesen

Ein Teil der Interviewten lebt die Überzeugung, dass alle Lebewesen miteinander verbunden sind. «Ich fühle mich zunehmend verbunden. [...] Ich spüre, dass sich eine zunehmende Verbundenheit mit allen Lebewesen auf dieser Welt entwickelt», beschreibt Peter seine Empfindungen. Auch Jonathan spürt diese Verbundenheit mit den Menschen und auch mit den Tieren: «Es sind nicht einfach verschiedene Menschen, sondern es ist eine Menschheit. Das habe ich manchmal gespürt in gewissen Momenten, diese direkte Verbundenheit. Oder auch mit Tieren. Die sind ja direkt mit mir verbunden. Wenn Tiere leiden, dann wirkt sich das auf mich aus, auf mein Wohlbefinden im jeweiligen Moment. [...] Das Gefühl, alles ist verbunden, beinhaltet ganz klar auch Pflanzen und Tiere. Es ist wie eine Schöpfung, kann man vielleicht sagen, einfach wie ein grosses [Ganzes]. Und dort sind wir als Menschen einfach ein Teil davon.»

3.2.6 Positive Einstellung gegenüber Ressourcenschonung

Bei der Frage nach der Menge genutzter Ressourcen geht es vor allem um die nicht erneuerbaren natürlichen Ressourcen, da die Nutzung von «nicht erneuerbaren Ressourcen a priori nicht einer nachhaltigen Nutzung entspricht, sondern es sich dabei um einen Abbau von Kapital handelt», wie Adrian erläutert. «Hingegen Ressourcen wie Sonnenlicht, welches ja im Überfluss vorhanden ist, kann man bei Nutzung von Solarenergie meinetwegen auch verschwenden», führt Florian aus. Die Problematik, die aus der Begrenztheit natürlicher, nicht erneuerbarer Ressourcen resultiert, ist allen Befragten bekannt, und insbesondere aus ökologischen und sozialen Gründen sind sie bemüht, diese durch ihr Verhalten möglichst nicht noch zusätzlich zu verschärfen. Sie massen sich nicht das Recht an, alles für sich zu beanspruchen, sondern treten dafür ein, dass alle Menschen die gleichen Rechte auf den Verbrauch von Ressourcen haben (Verteilungsgerechtigkeit). Und daher versuchen sie, «von den endlichen Ressourcen nur so viel zu brauchen, wie unbedingt nötig ist», wie Jasmin sagt. Sparsames Verhalten komme aber keineswegs nur der natürlichen Umwelt und den Mitmenschen zugute, sondern könne auch viele Vorteile für einen selber mit sich bringen, wie Florian erkannt haben will. Er sieht beispielsweise gesundheitliche und organisatorische Vorteile in seinem ressourcenschonenden Alltagsverhalten: «Und immer dann, wenn ich mit dem Velo unterwegs bin, muss ich nicht extra joggen gehen. So fügt es sich gut in den Alltag hinein und ist sozusagen eine Win-win-Situation, weil ich mit eigener Kraft unterwegs bin und Ressourcen gespart werden können, sogar gegenüber dem ÖV.» Ein weiterer wichtiger Faktor ist seiner Meinung nach der Zeitgewinn. Könnte man den Ressourcenverbrauch verlangsamen, würde man Zeit gewinnen, um die Suche nach ressourcenleichterer Mobilität voranzutreiben. Rahel und Anton sehen es als ihre Pflicht an, sich zu überlegen, ob sie etwas wirklich brauchen, bevor sie es anschaffen, oder ob es auch ohne geht.

3.2.7 Überzeugung, dass weniger materieller Konsum zu mehr Lebensqualität führt

Unsere Befragten versuchen zunehmend, sich der «materiellen Dominanz», wie Adrian sagt, zu entziehen. «Schlussendlich ist es eine Illusion, dass der Konsumaspekt zum guten Leben beiträgt», hat auch Sabine für sich erkannt, räumt aber ein, dass ein gewisser Basisstandard erforderlich sei. Auch für Alexander ist klar, dass seine Lebensqualität nicht vom materiellen Konsum abhänge. Materieller Konsum wird von den Befragten vor allem mit einer Abhängigkeit assoziiert, in die man sich hineinmanövriere, wenn man viel anhäufe: «Diese Last, die du dir selbst aufbürdest, indem du immer mehr hast», wie Jasmin es beschreibt. Maria erscheint der Konsum als «Kompensation [...] für etwas, was dir sonst im Leben fehlt». Rahel empfindet Einkaufen zunehmend als «furchtbar anstrengend», weil es so viele Überlegungen erfordere und so auch viel der eigenen Energie verbrauche, sie physisch erschöpfe. Was dagegen für die Lebensqualität als am wichtigsten erachtet wird, sind innere Freiheit und innere Zufriedenheit.

Florian, Tabea und Konrad betonen, dass ihnen das Wissen, mit wenig Materiellem auszukommen und daher auch weniger abhängig zu sein, ein Gefühl der inneren Freiheit gebe, was wesentlich zu einem positiven Lebensgefühl beitrage. Peter, Florian und Jonathan heben hervor, dass ein Weniger an materiellem Konsum ihre innere Zufriedenheit steigere. «Ich erfahre eine innere Zufriedenheit, wenn ich merke, dass ich nicht wirklich viel Geld zum Leben benötige, und dies äussert sich auch in meinem Ressourcenverbrauch und Konsumverhalten», stellt Florian fest. Und Peter bemerkt im Rückblick auf sein bisheriges Leben, dass seine zufriedensten Momente kaum mit Materiellem in Verbindung standen. «Einfach materielle Güter anzuhäufen, das ist nicht erfüllend. Es bringt nichts auf der inneren Zufriedenheitsebene», hat auch Jonathan für sich erkannt.

3.3 Kompetenzen

3.3.1 Selbstreflexionskompetenz

Die Selbstreflexionskompetenz drückt sich bei unseren Befragten vor allem im Verantwortungsbewusstsein für ihr Handeln und in ihrem ausgeprägten Bedürfnis nach Kohärenz und Authentizität aus. Die bewusste Suche nach dem eigenen Weg, der ja oftmals vom Mainstream abweicht, und das schrittweise Erarbeiten dieses Weges bringen es mit sich, dass die Befragten auch immer wieder «in sich hineinhören», wie Jonathan dies ausdrückt, und immer wieder überprüfen, ob ihre Entscheidungen zu einem guten Leben beitragen. Sie reflektieren, was sie wollen und wie sie dahin gelangen können, sind sich dabei aber durchaus im Klaren, dass Wunsch und Realität nicht immer übereinstimmen. Ihr Leben ist geprägt von der bewussten Auseinandersetzung mit Widersprüchen, nicht nur in Relation zu anderen, sondern auch in sich selbst, was ihre Wertvorstellungen und ihr Verhalten anbelangt. Alexander hat den Anspruch, sich selbst zu hinterfragen und den Mut zu haben, Dinge auch einmal anders zu machen: «Jetzt mache ich das schon so lange so, das ist doch eigentlich total doof!»

Die Interviewten setzen sich kritisch mit ihren Einstellungen und Verhaltensweisen auseinander und lernen, mit diesen Widersprüchen umzugehen und sie im besten Fall zu lösen. Für Peter geht es «am Ende [...] dann Richtung Selbstanalyse, Selbsterfahrung, Selbsterkenntnis, zu spüren, wie tickt man selber». Der kritische Blick auf einen selbst ermöglicht zu sehen, wo man gerade im Entwicklungsprozess der eigenen Persönlichkeit steht, welcher als sehr wichtig erachtet wird, und gegebenenfalls den Kurs anzupassen. Das Denken in Konsequenzen, das den Befragten eigen ist, führt dazu, auch immer wieder zu überprüfen, was das eigene Verhalten im grossen Zusammenhang bewirkt. Für Alexander ist es «einfach eine Art Weiterdenken, über meinen eigenen Tellerrand hinaus». Es ist ihm wichtig zu erkennen, was sein Tun für Auswirkungen auf die Natur/Umwelt, aber auch auf alle anderen Menschen hat. Das Reflektieren der eigenen Person beinhaltet auch, sich über die Einflussmöglichkeiten klar zu werden, diesbezüglich die eigenen Grenzen zu erkennen, aber auch das Potenzial zu sehen und zu nutzen.

3.3.2 Selbstwirksamkeit

Die Einschätzung, wie gross die Wirkung des eigenen Handelns ist, variiert bei den Befragten stark. So sehen die einen ihren Einfluss als eher begrenzt an, während andere der Überzeugung sind, dass sie eine Vorbildfunktion einnehmen. Somit könnten sie andere zu einem ähnlichen Verhalten anregen, was sich dann schneeballmässig fortsetzen könnte. Auf diese Art und Weise könnten sogar gesamtgesellschaftliche Veränderungen ausgelöst werden. Die eigenen Werte vorleben und zeigen, dass es auch anders geht, löse oft schon Reaktionen bei anderen Menschen aus, von Fragen über Diskussionen bis hin zu Verhaltensänderungen. Alleine dadurch, dass sie so lebt, wie sie es für richtig hält, und mit anderen Menschen im Austausch steht, ist Rahel überzeugt, dass sie auch etwas weitergibt. Florian vertritt eine sehr optimistische Position bezüglich seiner Selbstwirksamkeit: «Wenn ich beispielsweise als Konsument in dieses System eingreife, indem wir zu Hause 100 Prozent Ökostrom beziehen und ich eine Entwicklung fördere, in der Investitionen entstehen und auch geforscht wird nach neuen Möglichkeiten. Und dies passiert halt nicht, wenn ich weiterhin einfach Atomstrom beziehe, bei dem die Technologie althergebracht ist, und bei dem nicht viel Interesse besteht, dies zu ändern. [...] Wenn viele Leute etwas verändern, passiert auch in der Masse etwas und hinterlässt plötzlich Spuren.»

Anton, geprägt durch seinen Beruf als Dozent, stellt fest, dass man Samen ausstreuen kann und dann merkt, wie etwas wächst und Früchte trägt. Auch Jonathan schätzt seine Einflussmöglichkeiten als sehr hoch ein: «Ich setze ja eigentlich ein Stück weit einen Trend. Ich meine, wenn sich alle so ernähren würden wie ich, dann gäbe es in dieser Region eine ganz andere Landwirtschaft. [...] Indirekt kann man ja eigentlich eine ganze Stadt beeinflussen, denn der eine kennt den anderen und so weiter.» Alexander vertritt die Überzeugung, dass man die Welt ändern könne, indem man sich selber verändert. Viele Leute dächten zwar, dass sie alleine nicht viel bewirken könnten, aber das stimme nicht, denn «je mehr Leute sich ändern, desto mehr Wirkung hat es. Das sieht man ja jetzt gut bei Social Media, dass man eine ganze Lawine lostreten kann.»

Tabea und Konrad betonen, wie wichtig es ist, sich neben dem eigenen Engagement auch in Gruppen zusammenzutun, damit der Einfluss grösser werde und so auch mehr erreicht werden könne. Es ist jedoch überhaupt nicht das Ziel der Interviewten, zu «missionieren» und anderen die eigene Überzeugung aufzudrängen. Ihre Erfahrungen haben ihnen vielmehr gezeigt, dass die Konsistenz im eigenen Handeln, die Dinge anders zu machen und dabei noch ein gutes Leben zu haben, die Aufmerksamkeit des Umfelds erregt und meist auch eine positive Wirkung erzeugt, weil es zum Nachdenken und im besten Fall zum selber Ausprobieren anregt.

3.4 Fazit

Personen mit einem suffizienten Lebensstil erweisen sich als sehr reflektiert und (selbst-)kritisch. Sie machen sich viele Gedanken über sich selber, ihr Wirken und Handeln und deren Auswirkungen auf ihre Mit- und Umwelt. Darüber hinaus zeichnen sie sich durch ein starkes Streben nach Kohärenz zwischen Einstellungen/Werten und Verhalten aus. Sie haben hohe Ansprüche an sich selber und richten sich in ihrem Verhalten weitgehend an Kriterien der Nachhaltigkeit aus. Nichtsdestotrotz fällt es auch ihnen nicht leicht, sich an intergenerationeller Gerechtigkeit zu orientieren. Die Interessen zukünftiger Generationen werden zwar reflektiert, fallen aber nach Aussagen der Interviewten weit weniger ins Gewicht als die Interessen aktuell lebender Personen. Dies könnte daran liegen, dass es schwerer fällt, einen emotionalen Bezug zu Menschen aufzubauen, die in weiter Zukunft leben werden. Die Kinder und Enkel sind noch sehr präsent, doch die nachfolgenden Generationen bleiben abstrakt und lösen keine Gefühle aus. Obwohl man auch die Zeitgenossen in anderen Teilen der Welt mit wenigen Ausnahmen nicht kennt, rückt deren Schicksal durch die zunehmende globale Vernetzung doch emotional nahe an einen heran, und man fühlt sich eher persönlich betroffen. Hinzu kommt, dass im Rahmen einer ethischen Reflexion mit Blick auf zukünftige Generationen von einer «fehlenden Reziprozität» gesprochen werden kann. So ist es noch nicht geborenen Generationen unmöglich, auf das Leben gegenwärtig lebender Menschen Einfluss zu nehmen, während dies umgekehrt sehr wohl der Fall ist.[24] Dennoch spüren viele der Befragten eine Verantwortung gegenüber der Natur und der Menschheit insgesamt, die «weit über den eigenen Tellerrand» hinausgeht, wie Alexander es formuliert.

24 Überlegungen dazu, wie zukünftige Generationen trotz fehlender Reziprozität berücksichtigt werden könnten, finden sich zum Beispiel bei Rawls (1975).

4
Suffizient leben – gut leben

«Weniger ist mehr» – diesen Slogan hört man oft im Umkreis der Diskussionen über Suffizienz und einen suffizienten Lebensstil. Doch was bedeutet er genau? Das Weniger ist soweit klar. Es geht darum, weniger natürliche Ressourcen zu verbrauchen und somit die Umwelt sowie aktuell und zukünftig lebende Generationen weniger zu schädigen. Konkret bedeutet dies zum Beispiel, weniger oder anders zu konsumieren und die Mobilität einzuschränken. Doch weshalb sollte dies zu einem Mehr an Lebenszufriedenheit und zu einem besseren Leben führen?

Die von uns befragten suffizient lebenden Personen verhalten sich in den Bereichen Mobilität und Alltagskonsum[25] ressourcenschonend. Darüber hinaus sind sie nach eigenen Angaben mit ihrem Leben zufrieden bis sehr zufrieden.[26] Unsere Definition eines suffizienten Lebensstils schliesst Lebenszufriedenheit mit ein; denn wir sind der Ansicht, dass nicht nur bestimmte ressourcenschonende Verhaltensweisen, Einstellungen/Werte und Kompetenzen (siehe Kapitel 1.3.2) einen solchen Lebensstil auszeichnen, sondern dass die betreffenden Personen zudem ihr Leben als «gut» empfinden. Unserer Definition zufolge lebt suffizient, wer wenig Ressourcen braucht und dies nicht als Einbusse an Lebenszufriedenheit empfindet oder sogar durch das ressourcenleichtere Leben ein Mehr an Lebenszufriedenheit für sich sieht.

Wir haben unsere Interviewten gefragt, inwiefern ihr Lebensstil ihrer Ansicht nach zu ihrer Lebenszufriedenheit beiträgt. Es hat sich gezeigt,

---

25 Zur Begründung der Auswahl dieser Bereiche siehe Kapitel 1.3.1.

26 Die Begriffe «Lebenszufriedenheit», «gutes Leben», «Lebensqualität» und «Glück» werden im Zusammenhang mit den Aussagen der Befragten synonym behandelt. Im Selektionsfragebogen (siehe Anhang) haben wir unsere Interviewten danach gefragt, ob und, wenn ja, wie sehr sie mit ihrem Leben zufrieden sind. Deshalb gehen wir davon aus, dass sie, wenn sie die oben genannten Begriffe nennen und nicht genauer spezifizieren, damit dasselbe meinen.

dass es im Wesentlichen sechs Themenbereiche sind, bei denen die Befragten einen Zusammenhang zwischen ihrem Lebensstil und einem guten Leben ausmachen können. Diese Themenbereiche werden im Folgenden genauer beschrieben. Es handelt sich dabei um 1. Beschränkung, 2. Selbstbestimmung, 3. soziale Beziehungen, 4. Achtsamkeit, 5. Spiritualität und 6. Wohlbefinden. Daneben fiel uns auf, dass viele der Befragten bewusst an ihrer Lebenszufriedenheit arbeiten. Sei es, dass sie versuchen, ihren Einstellungen kognitiv eine bestimmte Richtung zu geben oder mit Techniken wie zum Beispiel Meditation ihre Motive zu verändern. Deshalb wird in Kapitel 4.7 die «Arbeit am Selbst»[27] thematisiert.

4.1 Beschränkung

Unsere Befragten zeichnen sich dadurch aus, dass sie auf vieles, was in unserer Gesellschaft zum courant normal[28] gehört, verzichten oder sich diesbezüglich zumindest stark einschränken. Sie fahren nicht oder nur wenig Auto, essen kein oder nur wenig Fleisch, fliegen nicht oder sehr selten, wechseln ihr Handy nicht jährlich aus und kaufen sich wenig Kleidung. Dass sie all dies entweder nicht als Verzicht und somit als Einbusse an Lebenszufriedenheit empfinden oder es zwar als Verzicht verstehen, diesen aber nicht negativ konnotieren, hängt damit zusammen, dass sie in der Einfachheit und Beschränkung viele Vorteile sehen. So werden Verzichtsleistungen beispielsweise als «Bereicherung und Horizonterweiterung» empfunden, wie es etwa Albrecht bezüglich des Verzichts auf Fleisch formuliert. Er entdecke immer wieder neue Gerichte, wenn er ab und zu nach Rezepten aus veganen Kochbüchern koche. Tanja, die in einer grösseren Gemeinschaft auf einem Industrieareal lebt, «verzichtet» auf den Komfort der «eigenen vier Wände», leidet aber nicht darunter, weil für sie die «vie-

27 Foucault, auf dessen Idee wir uns hier berufen, spricht in diesem Zusammenhang von «Techniken des Selbst» und meint damit, «aus eigener Kraft oder mit Hilfe anderer eine Reihe von Operationen an seinem Körper oder an seiner Seele, seinem Denken, seinem Verhalten oder seiner Existenzweise vorzunehmen mit dem Ziel, sich so zu verändern, dass er einen gewissen Zustand des Glücks, der Reinheit, der Weisheit, der Vollkommenheit oder der Unsterblichkeit erlangt» (Foucault 2007, S. 289).

28 Tägliche Arbeit, Tagesgeschäft.

len neuen Perspektiven und Möglichkeiten» und die interessanten Begegnungen mit anderen Menschen, welche eine solche Wohnform mit sich bringe, im Vordergrund stehen. Jonathan spricht davon, dass wir «nicht das richtige Leben, sondern nur Routineabläufe leben», wenn wir uns ständig in der Komfortzone bewegten. Für ihn heisst das beispielsweise, sich in einer warmen Wohnung aufzuhalten und warm zu duschen. Der übermässige Konsum von materiellen Gütern stellt für ihn «einen Ersatz für einen inspirierenden Moment» dar und steht daher in Widerspruch zu einem guten Leben. Um Unzufriedenheit zu überspielen oder emotionalen Schmerz zu betäuben, lenke man sich damit ab, dass man etwas esse, kaufe oder sich einen Film anschaue.

Diese Argumentation wird gestützt durch die Erkenntnisse von Kasser (2002), der den Zusammenhang zwischen einer starken Fokussierung auf materielle Werte[29] und einer Beeinträchtigung des Wohlbefindens sowohl in körperlicher als auch in psychischer Hinsicht untersucht hat.[30]

Daneben besteht ein wichtiger Beitrag eines ressourcenleichten Lebensstils zu einem guten Leben auch in dem Zuwachs an Freiheit, der entstehe, wenn bewusst Dinge weggelassen würden. Alexander erzählt von den Glücksgefühlen, die er empfindet, wenn er im Supermarkt vor einem Regal steht und realisiert, «ich brauche gar nichts davon». Er spricht von der Freiheit, Dinge nicht zu besitzen, die einen in erster Linie belasten, weil man sie unterhalten, reparieren oder «updaten» müsse. Jasmin ergänzt, dass die Sorgen mit der Menge an Besitz stiegen. Je mehr man besitze, desto mehr müsse man sich um Dinge kümmern und Zeit aufwenden, um sie zu erhalten. Hinzu komme die Angst, die Dinge wieder zu verlieren, wie Florian meint. Und ausserdem seien materielle Dinge schwer, so Alexander, was man vor allem bei einem Umzug merke. Sabine stellt fest, oft sei es ja auch

---

29 Er meint damit neben einer Hochschätzung materieller Gegenstände auch die Fokussierung auf Gelderwerb, Karriere und Status.

30 Kasser stellte in Untersuchungen mit Personen unterschiedlichen Alters, unterschiedlicher Herkunft und mit unterschiedlichem sozialen Status einen engen Zusammenhang zwischen einer starken Fokussierung auf materielle Werte und einer geringen Lebenszufriedenheit, Depressionen, Ängsten, Kopfschmerzen, Persönlichkeitsstörungen, Narzissmus und antisozialen Verhaltensweisen fest. Dabei wird jedoch nicht ganz klar, ob die materialistische Ausrichtung Ursache oder Folge der verschiedenen «Störungen» ist (Kasser 2002, S. 22).

so, dass uns bei vielen Dingen ein «Zuviel» gar nicht guttue. Anton illustriert das Argument damit, dass zu viel Fleisch zu essen oder zu viel (im Auto) zu sitzen, sich negativ auf die Gesundheit auswirken könne.

Die Idee, dass Einfachheit und Beschränkung zu einem guten Leben beitragen können, ist alt. Schon Epikur (zitiert nach Laskowsky 1962, S. 68) wusste: «Wer die Grenzen des Daseins erkannt hat, weiß, daß all das leicht zu beschaffen ist, was den Schmerz des Entbehrens austilgt und das ganze Leben vollkommen macht. Ihn verlangt also nicht nach Bemühungen, die nur Kämpfe mit sich bringen.» Interessant ist, dass solche Ideen in einer Zeit materiellen Überflusses wieder in Mode kommen.

Es ist aber nicht so, dass die Befragten materiellen Dingen überhaupt nichts abgewinnen können. So freut sich etwa Manuel darüber, wenn er sich etwas Neues kauft, von dem er sich eine Verbesserung erhofft, wie zum Beispiel neue Snowboardschuhe. Der Kauf von materiellen Gegenständen hat aber eher den Stellenwert des «Sich-ab-und-zu-etwas-Gönnens», wobei der Qualität der Vorzug gegenüber der Quantität gegeben und meist auch gemäss Nachhaltigkeitskriterien konsumiert wird. In der Einschränkung auf Standards wie «bio» bei Nahrungsmitteln oder «A-Klasse» bei Elektrogeräten wird ein weiterer Vorteil gesehen. Durch eine Verringerung der Auswahl wird die «Entscheidungsfindung erleichtert», erklärt Florian. Die Befragten sind sich darin einig, dass sich «das Glück nicht in all diesen tollen materiellen Sachen finden lässt», wie Alexander betont. Diese stellten höchstens ein kurzfristiges Glück dar. Peter führt aus, dass er «die zufriedensten Momente in seinem Leben mit einem sehr geringen materiellen Aufwand», nämlich beim Surfen an einem herrlichen Strand, erlebt habe.[31] Das Gefühl der Zufriedenheit führt er darauf zurück, dass er beim Surfen voll und ganz im Moment lebe und etwas um seiner selbst willen tue. Dass Glückszustände erlebt werden, wenn man vollständig in einer Tätigkeit aufgeht, die einen weder langweilt noch überfordert, ist die zentrale These der Flow-Theorie von Csikszentmihalyi (2014).

---

31 Dies ist eines der wenigen Beispiele, in denen ein momentaner emotionaler Glückszustand als Beitrag zur Lebenszufriedenheit genannt wird. Meist handelt es sich bei den genannten Zusammenhängen zwischen einem suffizienten Lebensstil und einem guten Leben eher um Beurteilungen der Lebenssituation insgesamt.

Und schlussendlich führt die Beschränkung beim Ressourcenverbrauch häufig zu einem Gewinn an Zeit. Dieser wiederum ermöglicht erst die Umsetzung der folgenden Bereiche: Selbstbestimmung, soziale Beziehungen, Achtsamkeit und Wohlbefinden.

4.2 Selbstbestimmung

Einen wichtigen Zusammenhang zwischen einem suffizienten Lebensstil und einem guten Leben sehen viele Interviewte darin, dass sie durch ihre reduzierten materiellen Ansprüche einerseits nicht so viel Zeit für die Erwerbsarbeit aufbringen müssen und die Zeit Dingen widmen können, die ihnen am Herzen liegen. Andererseits können sie auch Arbeiten nachgehen, die finanziell nicht besonders attraktiv sind, jedoch als sinnvoll empfunden werden.

Das Leben in hohem Masse nach eigenem Gutdünken gestalten zu können, ist vielen Befragten sehr wichtig. Florian spricht davon, dass der «Stress der Existenzwahrung», bedingt durch niedrigere materielle Ansprüche, kleiner sei, und wie er es geniesse, neben der (Teilzeit-)Arbeit viel Zeit für seine Familie und Hobbys zu haben. Im Kleinen erlebe er das Gefühl der Selbstbestimmung auch auf dem Velo, mit dem er einfach losfahren könne, wann er wolle, und keine Einschränkungen infolge Wartezeiten habe. Auch wenn er manchmal für einen Weg de facto länger brauche, fühle er sich doch selbstbestimmter. Für ihn ist es ein wichtiger Aspekt eines guten Lebens, die «Fäden selber in der Hand zu halten und zu steuern, was man kauft, wie man lebt und was man macht».

Albrecht argumentiert ähnlich, wenn er sagt, er geniesse es, machen zu können, «was er will, wann er will und mit wem». Dadurch, dass er nicht so viel Erwerbsarbeit leistet, kann er sehr viel Zeit in Freiwilligenarbeit investieren, aber auch ins Wandern und Kochen: alles Dinge, die ihm wichtig sind.

Selbstbestimmt zu leben, bedeutet für viele Befragte auch, authentisch zu leben. So hat etwa Jonathan den Anspruch, nicht einfach irgendeinen Job zu machen, sondern «seine Berufung» zu finden. Dadurch, dass er mit sehr wenig Geld[32] auskomme, könne er es sich leisten, interessanten Projekten nachzugehen, auch wenn sie finanziell kaum etwas abwerfen, und seinem «inneren Impuls» zu folgen, ohne sich verbiegen zu müssen. Für Sabine trägt es unmittelbar zu ihrer Lebenszufriedenheit bei, dass sie sich beruflich den Themen widmen kann, die ihr am meisten am Herzen liegen, ohne darauf achten zu müssen, ob sie damit genug verdient. Und Peter betont, wie wichtig es für ein gutes Leben sei, auf die «eigene Stimme» zu hören und sich nicht zu sehr auf äussere Ziele wie Gelderwerb oder Karriere auszurichten. Orientiere man sich zu sehr an Werten, die von aussen vorgegeben werden, verlöre man die Selbstbestimmung und sei nicht mehr fähig, «von innen her Freude zu entwickeln», meint er.

Schliesslich ist Kohärenz – das heisst, im Einklang mit den eigenen Werten und Einstellungen zu leben – für viele Befragte von grundlegender Bedeutung für ein gutes Leben. Thomas spricht von dem Frust und der Einbusse an Lebenszufriedenheit, die er empfindet, wenn er beispielsweise im Beruf Dinge tun oder vertreten müsse, die «seinen innersten Überzeugungen zutiefst widersprechen». Ein solcher Frust könne so tief reichen, dass die Arbeitsstelle gewechselt werden müsse. Auch Sabine fühlt sich gestresst, wenn sie etwas tun muss, was nicht mit ihrem Gewissen vereinbar ist (wie zum Beispiel fliegen). Würden sich entsprechende Forderungen häufen, würde auch sie eine solche Arbeitsstelle kündigen. Tabea spricht von Glücksgefühlen, die sie empfindet, wenn das, was sie tut, «mit ihren tiefsten, innersten Überzeugungen» übereinstimmt. Dabei handle es sich aber nicht um ein Glück, das zwangsläufig «mit positiven Gefühlen» einhergehe. Es könne auch bedeuten, dass sie auf eine kurzfristige Lust –zum Beispiel einen freien Abend – verzichte zugunsten der genannten Übereinstimmung von innerer Überzeugung und Verhalten, die sie zum Beispiel spüre, wenn sie zusammen mit Menschen unterschiedlicher Nationalitäten in einem Chor sänge. Rahel spricht in diesem Zusammenhang von einer «Verantwortung gegenüber sich selber», die sich in dem

32 Mit wenig Geld zu leben, heisst nicht notwendigerweise suffizient zu leben, da gerade zum Beispiel beim Essen, worauf man ja nicht verzichten kann, nachhaltige Produkte oft teurer sind. Wenn die materiellen Ansprüche aber geringer sind, lassen sich die Lebenskosten durch einen suffizienten Lebensstil durchaus senken.

«Wunsch nach Stimmigkeit» äussere. Tue sie etwas, das ihren Überzeugungen widerspreche, empfände sie das als anstrengend oder sogar als Verrat. Dies wiege für sie schwerer als die Traurigkeit, die sie empfände, wenn sie auf etwas verzichte.

Aussagen wie diese zeigen, dass einige Vorstellungen von gutem Leben suffizient lebender Personen nicht auf dem Empfinden positiver (oder dem Vermeiden negativer) Gefühle beruhen, sondern viel damit zu tun haben, was für ein Mensch man sein möchte. Dies erinnert an das Personenkonzept des Philosophen Harry G. Frankfurt (2001). Eine Person zeichnet sich gemäss Frankfurt dadurch aus, dass sie Wünsche und Volitionen zweiter Stufe ausbilden kann.[33] Das heisst, sie hat die Fähigkeit, ihre Wünsche zu reflektieren, zu bewerten und entsprechend zu handeln. Bewertet eine Person einen ihrer Wünsche als gut[34] und verhält sich entsprechend, wird dies als Freiheit empfunden. Diese Freiheit trägt für einige unserer Befragten wesentlich zu einem guten Leben bei.

4.3 Soziale Beziehungen

Alle unsere Befragten betonen, wie wichtig ihnen ihre sozialen Beziehungen für die persönliche Lebenszufriedenheit sind. Dabei geht es darum, dass dem Zusammensein mit anderen Menschen ein Wert zugesprochen wird. Jonathan spricht von den Glücksgefühlen, die der Kontakt mit anderen Menschen mit sich bringen könne, etwa wenn man ein gutes Gespräch führe, zusammen kreativ sei oder «einfach bewusst Zeit zusammen verbringe». Auch Manuel geniesst es, mit anderen etwas zu unternehmen, sich zu unterhalten, gemeinsam zu kochen und zu essen.

---

33 Der Begriff «Wunsch» wird von Frankfurt im herkömmlichen Sinn des Wortes verwendet. Dabei kann es sich um einfache (zum Beispiel den Wunsch, Schokolade zu essen) oder um eher komplexe Wünsche (den Wunsch, einen sinnvollen Beruf auszuüben) handeln. Ein Wunsch zweiter Stufe ist ein Wunsch, der sich bewertend auf einen Wunsch erster Stufe bezieht. Eine «Volition zweiter Stufe» ist ein gewollt handlungswirksam gewordener Wunsch. Wenn ich zum Beispiel möchte, dass der Wunsch, Schokolade zu essen, zu einer Handlung wird, verfüge ich über eine «Volition zweiter Stufe» (Frankfurt 2001, S. 65–83).

34 Dies muss nicht unbedingt im moralischen Sinne verstanden werden. Es bedeutet lediglich, dass eine Person von diesem Wunsch zum Handeln geleitet werden möchte.

Für Adrian stellen gelungene Beziehungen im Allgemeinen (zu anderen Menschen, zur Natur, aber auch zu sich selber) eine «grundsätzliche Bedingung für eine individuelle Entwicklung und ein zentrales Element eines guten Lebens» dar.

Daneben werden Beziehungen zu anderen Menschen als «Halt» empfunden. So betont etwa Thomas, eine erfüllte Partnerschaft sei «das Schlüsselelement» für ein gutes Leben, da diese einem das Gefühl vermittle, «bei und mit jemandem zu Hause zu sein». Auch Jasmin spricht von dem Gefühl des «Nach-Hause-Kommens» bei ihrem Partner. Sabine nennt ihr soziales Netz aus Freunden und Familie ihr «Auffangnetz» und meint, das «Vertrauen in die Menschen und ins Leben» habe einen grossen Einfluss auf das gute Leben. Und auch Florian erfährt in der Beziehung zu seiner Partnerin «Nähe und Vertrauen», was in seinem Leben einen hohen Stellenwert habe und ihm Halt gebe.

Weiter wird es für ein gutes Leben als wichtig empfunden, mit seinem Umfeld – das heisst mit der Familie, Freunden und Bekannten, den Nachbar(inne)n, aber auch mit den Kolleg(inn)en am Arbeitsplatz – in gutem Kontakt zu sein und einen guten Umgang miteinander zu pflegen. Jasmin geniesst es, in einem Haus zu wohnen, in dem auch Freunde von ihr wohnen, und so die Möglichkeit zu haben, «sich auszutauschen oder einfach spontan etwas zu unternehmen». Tanja mag es, Leute zu vernetzen und mit ihnen zusammen, «statt die Wirtschaft anzukurbeln, die Gesellschaft zu gestalten».

Ein weiterer wichtiger Aspekt von Beziehungen ist die Zufriedenheit, die empfunden wird, wenn etwas für andere getan werden kann. Frei nach der von Anton angesprochenen Redewendung, «Der hat sein Leben gut verbracht, der die meisten Menschen hat froh gemacht», spricht Tabea davon, dass es ihr selber gut tue, wenn sie gegenüber anderen Menschen sensibel sei, ihnen helfe oder einfach freundlich zu ihnen sei. Anton ergänzt, dass man nicht nur sich selber, sondern auch anderen gegenüber eine Verantwortung habe, und dass es vor allem darum gehe, dass es einem «zusammen mit anderen gut geht». Und Peter rät dazu, «alles, was ausserhalb von einem selber ist, gleichwertig zu betrachten, wie sich selber. Denn wenn man das Aussen zu sehr gewichtet, verhält man sich sich selber gegenüber nicht nachhaltig, im umgekehrten Fall verfällt man dem Egoismus.» Beides sei einem guten Leben nicht dienlich.

Und schliesslich wird Freunden auch ein praktischer Nutzen zugesprochen. So betont etwa Jonathan den praktischen Vorteil eines stabilen Netzwerkes und berichtet, dass er von seinem Bruder ein teures Velo bekommen habe. Im Gegenzug dafür habe er seinen Bruder für eine Weile mit Erzeugnissen aus dem eigenen Garten versorgt.

Und welche Rolle spielt nun ein suffizienter Lebensstil für die sozialen Beziehungen? Er bietet die zeitlichen Rahmenbedingungen, die für den Aufbau und die Pflege von Beziehungen nötig sind. So erklärt zum Beispiel Maria, dass, wenn sie mehr konsumieren würde, sie kaum Zeit hätte, ihr soziales Umfeld auf die Art zu pflegen, wie sie es jetzt könne. Manuel betont ebenfalls die Relevanz des Faktors Zeit. Er könne es sich «leisten, seiner Mutter die Zuwendung angedeihen zu lassen», die sie zunehmend brauche, weil er sich nicht in einem «engen Setting eines 150-Prozent-Jobs» befinde.

4.4 Achtsamkeit

Für rund die Hälfte der Befragten ist es für ihre Lebenszufriedenheit wichtig, dass sie Raum und Zeit haben, um achtsam und bewusst zu leben. Dabei ist «Achtsamkeit» der Überbegriff für verschiedene Dinge, die angestrebt werden: Die Interviewten möchten im Hier und Jetzt leben, sie möchten sich konzentrieren und fokussieren und das eigene Innere sowie ihre äussere Umgebung bewusst wahrnehmen. Viele sind der Ansicht, dass ihr suffizienter Lebensstil ihnen dabei hilft, so zu leben. Einige wünschen sich aber noch mehr Zeit und Raum dafür oder arbeiten bewusst daran, achtsamer und bewusster zu werden. Florian spricht davon, wie wichtig es ihm sei, im «Hier und Jetzt zu sein» und eine «Haltung der Ruhe und Gelassenheit» einzunehmen. Er möchte weniger in einem «nervösen Modus» sein, damit er die Dinge um ihn herum «kühler betrachten» könne und weniger gestresst sei. Er betont auch, wie sehr die Qualität einer zwischenmenschlichen Interaktion steige, wenn man sich auf sein Gegenüber wirklich einlassen und den Moment, den man zusammen verbringe, auch wirklich wertschätzen und das Gegenüber würdigen könne. Zwar gelänge ihm das noch nicht ganz so gut, wie er es sich wünsche, da er oft ein sehr schnelles Lebenstempo habe und «voller Pläne und Ziele» sei. Jedoch habe ihm ein Meditationskurs «die Augen geöffnet», was es heissen könnte, so zu leben, und es sei ihm ein Anliegen, diese Erkenntnis noch mehr in seinen Alltag zu integrieren.

Auch Rahel führt aus, wie wichtig es für sie und ihre Lebenszufriedenheit sei, «sich Zeit nehmen zu können, aufmerksam zu sein und die Energie aufzubringen, sich auf etwas oder jemanden konzentrieren zu können». Zeit und Energie zu haben für die Dinge, die man gerne mache, sei sehr wichtig für ein gutes Leben. Gelänge ihr dies nicht, weil sie ihre Tage überlade, werde ihr alles zu viel, und sie könne sich nicht mehr fokussieren, was sie als eine Einbusse an Lebenszufriedenheit empfinde. Sabine denkt, dass die Menschen, um Konflikte und Verletzungen zu vermeiden und ein besseres Leben zu führen, lernen sollten, besser zu kommunizieren. Für sie heisst das, die Bereitschaft auszubilden und zu kultivieren, «andere zu verstehen und zu akzeptieren, auch wenn sie andere Werte als die eigenen vertreten». Dies bedinge, auch sich selber gegenüber achtsam zu sein und «zu spüren, was man gerade fühlt, und dies angemessen zu kommunizieren».

Der Aufenthalt in der Natur spielt für die Ausübung von Achtsamkeit eine nicht unwesentliche Rolle. So spricht etwa Jonathan von dem Vergnügen, das es ihm bereitet, sich «ohne Zeitdruck in der Natur aufzuhalten». Er weist auf die inneren Prozesse hin, die dann in ihm ablaufen und derer er sich bewusst werde. Er erlebe dann Wertschätzung für das Leben und werde sich bewusst, «wie schön das Leben einfach grundlos sei». Florian zeigt auf, welche Auswirkungen der Aufenthalt in der freien Natur und insbesondere in der Abgeschiedenheit auf die innere Befindlichkeit haben könne. So spricht er von der «beruhigenden Wirkung der Farbe Grün», von der «Erfahrung der Weite» und der Ruhe, die sich bei ihm einstelle, wenn «es weniger Menschen und Verkehr» gebe. Auch Rahel nennt die «Ruhe, die Farben, die Langsamkeit» und auch «das Repetitive», das sie etwa beim Betrachten eines Sees verspüre, und nimmt diese Aspekte als etwas Gesundes wahr. Peter bringt es auf den Punkt, indem er sagt, dass die Ruhe, welche er durch eine Reduktion von inneren und äusseren Reizen finde, eine der «grössten Quellen von Energie und Zufriedenheit» darstelle.

Achtsam zu leben, braucht Zeit. Doch wem dies gelingt, der gewinnt auch Zeit, zumindest dem Philosophen Byung-Chul Han (2011, S. 111) zufolge: «Das kontemplative Verweilen gibt Zeit. Es weitet das Sein, das mehr ist als Tätig-Sein. Das Leben gewinnt an Zeit und Raum, an Dauer und Weite, wenn es das kontemplative Vermögen wiedergewinnt.»

4.5 Spiritualität

Rund einem Drittel der Interviewten sind spirituelle Konzepte[35] wichtig für ein gutes Leben. Ein Konzept, auf das Peter hinweist, ist dasjenige der Bestimmung. Peter ist der Ansicht, dass jeder Mensch «auf eine bestimmte Art gemeint» sei. Er spricht in diesem Zusammenhang von einer «Linie» oder «Spur», der man näher oder ferner sein könne. Sei man weit davon entfernt, fühle man sich «energielos, fremdbestimmt und empfinde weniger Freude». Befände man sich hingegen nahe an der Spur, «tue es einem gut und man gedeihe.» Er denkt, dass er durch seinen Lebensstil seiner Bestimmung sehr nahe komme, und erlebt dies als einen Zuwachs an Lebensenergie. Sabine und Alexander sprechen davon, dass sie die belebte und die unbelebte Natur, die Tiere und Menschen als ein «grosses Ganzes» und den Menschen als einen Teil davon sähen. Als religiös im engeren Sinn bezeichnen sich nur zwei unserer Befragten, die sich beide zum Christentum bekennen. Eine davon ist Tabea. Sie sieht ihr Leben als Geschenk an, und dieses Gefühl des Beschenktwerdens erfülle sie nicht nur mit Dankbarkeit. Die unmittelbare Erfahrung der Wunder der Schöpfung, des Göttlichen, stelle gleichzeitig auch die Quelle ihrer tiefsten Motivation dar, denn das «Bewusstsein vom Geschenk der Schöpfung» erzeuge in ihr ein Bewusstsein für die Generationen, die vor, mit oder nach ihr lebten.

35 Als spirituelle Konzepte werden hier Vorstellungen von menschlichem Leben, der Natur oder der Beziehung zwischen Mensch und Natur verstanden, die nicht auf wissenschaftlichen Erkenntnissen basieren.

Zum Glück braucht's nicht viel

4.6
Wohlbefinden

Und schliesslich spielen auch Momente des «Wohlfühlglücks»[36] eine gewisse Rolle für die Lebenszufriedenheit der Befragten. So erwähnt Tanja die Freude, die es mache, jede Woche einen Sack Gemüse aus dem Gemeinschaftsgarten zu bekommen, und verweist auf den damit zusammenhängenden kulinarischen Genuss. Auch Manuel geniesst es, aufgrund seiner Lebensführung viel Zeit «zum Kochen und Essen» zu haben. Er meint, der Genuss nehme zu, wenn er «mehr Zeit und Hingabe auf einzelne Dinge verwendet [wie etwa die Zubereitung einer Speise]». Viele betonen, wie gut ihnen das Velofahren hinsichtlich Gesundheit, Fitness oder aus Gründen der Entspannung tue. Umgekehrt erläutert Jonathan, wie ihm einiges, das nicht oder nur in eingeschränktem Masse mit einem suffizienten Lebensstil verträglich ist, nicht gut tue, so zum Beispiel das Fliegen. Nach der Ankunft brauche er immer tagelang, um «energetisch an diesem Ort anzukommen». Auch falle es ihm schwer, am neuen Ort eine «wirkliche Präsenz aufzubauen».

4.7
Arbeit am Selbst

Es ist interessant zu sehen, wie viele der Befragten bewusst an ihren Einstellungen, Motiven oder an ihrem Charakter arbeiten und so versuchen, sich ihren Vorstellungen von einem guten Leben anzunähern. Jonathan zum Beispiel schildert, wie er mit seinem Bedürfnis zu reisen umgeht. Grundsätzlich hält er es für wichtig, «sich selber nicht zu geisseln». «Bedürfnisse wollen befriedigt werden», meint er. Anstatt sich aber eine ressourcenintensive Flugreise zu gönnen, was seinen ökologischen Überzeugungen widersprechen würde, macht er Tagesausflüge. Diese gestaltet er bewusst so, dass sie von der Erlebnisqualität her mit einer «zweiwöchigen

36 Wilhelm Schmid (2007, S. 16–27) spricht von «Wohlfühlglück» als Gegenbegriff zu eher kognitiven Konzepten von gutem Leben.

Reise nach Dänemark» vergleichbar sind. Dass er für einen Tagesausflug in eine andere Stadt nicht den Zug nehme, sondern eine Mitfahrgelegenheit organisiere, führe nebst anderen Faktoren dazu, dass ihm ein solcher Tag vorkomme, als sei er sehr lange und intensiv weg gewesen.

Maria erläutert, wie sie sich die Dinge bewusst so zurechtlege, dass sie nicht das Gefühl habe, auf etwas zu verzichten. Sie konzentriert sich beispielsweise immer auf das, was sie erlebt, wenn sie mit dem Velo statt mit dem Auto fahre und so auf Geschwindigkeit und Komfort verzichte. So habe sie einmal, als sie zusammen mit ihrer Familie per Velo einige Freunde besuchte, unterwegs die Geburt eines Kälbchens beobachtet und in einem See gebadet, während die anderen Besucher, die auf direktem Weg zum Zielort gefahren seien, dies verpasst hätten. Eine andere Strategie, um ihre Zufriedenheit zu erhöhen – was ihr sehr wichtig sei – bestehe darin, ihr Leben in einem grösseren zeitlichen Kontext zu betrachten. So störe es sie nicht, dass sie «nicht alles sofort haben kann» und zum Beispiel in ihrer aktuellen Lebenssituation mit kleinen Kindern nicht so viel reisen könne, denn sie wisse ja, dass sie dies später wieder werde tun können.

Alexander berichtet, wie er in der Meditation daran arbeite, dass seine «Motive altruistisch» würden und er in seine Überlegungen «auch andere einbeziehe und Dinge für andere mache», was sich dann gut und richtig anfühle. Denn wenn er nur an sich selber denke, fühle er sich «eng», voller «Gier, Abneigung und Neid». Florian möchte durch das Einüben von mehr Achtsamkeit im Alltag empathischer auf andere Menschen eingehen können (siehe Kapitel 4.5). Peter und Jonathan betonen beide, wie wichtig es für die Lebenszufriedenheit sei, der eigenen Stimme, dem eigenen Impuls zu folgen und sich nicht fremdbestimmen zu lassen. Denn nur so könne man «energiemässig aus dem Vollen schöpfen», sagt Peter, und er «würde nicht nach vorgegebenen Mustern, sondern frei reagieren können», so Jonathan.

4.8
Was fehlt zum guten Leben?

Auf die Frage, was den Interviewten zu einem guten Leben noch fehlt, fällt die Antwort eindeutig aus. Die meisten wünschen sich mehr Zeit. Dabei geht es darum, mehr Zeit zu haben, um den suffizienten Lebensstil weiter auszubauen und zum Beispiel mehr in gemeinschaftlichen Projekten zu arbeiten oder (mehr) Lebensmittel selber anzupflanzen. Manuel wünscht sich aber auch mehr Zeit für «unnütze Dinge», wie zum Beispiel Ballspielen, Windsurfen oder Segeln. Alexander hätte gerne sowohl mehr Zeit als auch mehr Stille. Rahel möchte ihre Balance zwischen Ruhe und Aktivität noch verbessern. Florian wünscht sich, noch mehr im Hier und Jetzt leben zu können. Tabea strebt nach mehr innerer Freiheit. Sabine wünscht sich, dass Flugreisen ökologischer würden, damit sie mehr reisen könne.

Doch auch die gesellschaftliche Ebene wird erwähnt: Jonathan würde statt in der Stadt lieber in einer «Dorfstruktur» wohnen, weil er sich dadurch mehr Begegnungen erhofft. Sabine möchte, dass die Kommunikation zwischen den Menschen und die gegenseitige Toleranz verbessert wird. Florian sähe es gerne, dass sich die Gesellschaft vermehrt Werten der Nachhaltigkeit zuwendet. Auch Peter würde gerne in einer Gesellschaft leben, die möglichst nahe an seinem Weg (hin zu mehr Nachhaltigkeit) ausgerichtet ist. Adrian wünscht sich etwas bescheidener, dass die Gesellschaft sich vermehrt mit Nachhaltigkeitsfragen auseinandersetze. Und Tabea möchte, dass sich auf gesellschaftlicher und politischer Ebene die Rahmenbedingungen dahingehend verbessern, dass sie sich noch mehr zusammen mit anderen engagieren kann.

4.9
Fazit

Der Slogan «Weniger ist mehr» lässt sich jetzt also folgendermassen präzisieren: Weniger Konsum und Verbrauch von natürlichen Ressourcen heisst mehr Zufriedenheit im Leben. Und für mehr Zufriedenheit braucht es mehr Zeit, Ruhe und Achtsamkeit.

Insgesamt lässt sich feststellen, dass suffizient lebende Menschen Vorstellungen von einem guten Leben haben, die an die epikureische und aristotelische Eudaimonia und die stoische Beatitudo[37] erinnern. Wilhelm Schmid spricht in dem Zusammenhang von andersmodernen Auffassungen von gutem Leben. Im Gegensatz dazu sieht er moderne und konsumtive Auffassungen, die auf den Verbrauch und Verschleiss von Gütern und Beziehungen und einen andauernden, lustvollen Zustand fokussieren. Das andersmoderne Glück beruht nach Schmid «auf der Selbstaneignung und Selbstmächtigkeit des Individuums, das ideelle Güter weitaus höher als materielle schätzt, und ein Leben führt, das seine eigenen Lüste und Genüsse kennt, vor allem nämlich Lüste des Gebrauchs, die aus einer asketischen Anstrengung resultieren, ausgehend von einer Wahl, die das Individuum trifft, um das ‹beste Leben› zu realisieren» (Schmid 2005, S. 194). Dass dies den Vorstellungen unserer Befragten nahekommt, zeigt sich in der Betonung der Selbstbestimmung als Wert, der Beschränkung im Materiellen und darin, dass die Kohärenz zwischen Werten und Verhalten für viele von zentraler Bedeutung für ihre Lebenszufriedenheit ist; und diese Kohärenz wird momentanen Lustzuständen meist vorgezogen. Hinzu kommt die Arbeit am Selbst, welche für viele Interviewte ebenfalls wichtig ist.

Man könnte sich nun fragen, ob sich unsere Befragten in ihren Vorstellungen von einem guten Leben von nicht oder weniger suffizient lebenden Personen unterscheiden.

Interessant ist in diesem Zusammenhang, was Sterbende der Palliativ-Krankenschwester Bronnie Ware auf die Frage, was sie rückblickend in ihrem Leben anders machen würden, geantwortet haben. Die Sterbenden wünschten sich, sie hätten 1. den Mut gehabt, das eigene Leben zu leben, 2. nicht so viel gearbeitet, 3. den Mut gehabt, die eigenen Gefühle auszudrücken, 4. den Kontakt zu Freunden aufrechterhalten und 5. sich erlaubt, glücklicher zu sein. Dies deckt sich weitgehend mit den Aussagen unserer Befragten darüber, was ein gutes Leben ausmache.

37 Vorstellungen von gutem Leben der antiken Philosophen Epikur und Aristoteles bzw. der Schule der Stoa. Siehe hierzu Horn 1998.

5
Hemmende und fördernde Faktoren für einen suffizienten Lebensstil

Personen mit einem suffizienten Lebensstil sind sich sehr bewusst, dass sie in ihrem täglichen Verhalten relativ stark vom Mainstream abweichen und (noch) eine Minderheit in der Gesellschaft bilden. Wie wir nachfolgend zeigen werden, stellt das, was von der Mehrheit der Gesellschaft als normal empfunden und gelebt wird, für suffizient lebende Personen häufig ein Hemmnis dar. Es gibt aber auch Faktoren, die es ihnen erleichtern, so zu leben, wie es ihren (Wert-)Vorstellungen entspricht.

Sowohl bei den hemmenden als auch bei den fördernden Faktoren für einen suffizienten Lebensstil unterscheiden wir jeweils drei Ebenen:

a) die persönliche Ebene, die Persönlichkeitsmerkmale, wie Charaktereigenschaften, Vorlieben, Abneigungen, Ängste, Talente etc., sowie individuelle Rahmenbedingungen, wie beispielsweise den finanziellen Handlungsspielraum, umfasst;

b) die Ebene des persönlichen Umfelds, auf der die Bereiche Freundeskreis, eigene Familie bzw. Partner(in) erfragt wurden, das berufliche Umfeld sowie Faktoren, die mit der Kindheit, den Eltern oder Grosseltern in Zusammenhang stehen;

c) die gesellschaftliche Ebene, die all jenes erfasst, was über das persönliche Umfeld hinausweist, wie beispielsweise gesellschaftliche Rahmenbedingungen.

Im Folgenden werden die von den Befragten als hemmend sowie als fördernd ausgemachten Faktoren vorgestellt, wobei die Einzelaussagen zu

Themenfeldern gebündelt wurden. Die Reihenfolge richtet sich nach der Anzahl der Aussagen und beginnt jeweils mit demjenigen Themenfeld, zu dem die meisten Aussagen gemacht wurden.

5.1 Hemmende Faktoren auf Persönlichkeitsebene

Was die Befragten als hemmende Faktoren auf der Persönlichkeitsebene empfinden, resultiert meist aus Interessenskonflikten, die in der eigenen Person begründet liegen. Solche Konflikte können zurückgeführt werden auf Diskrepanzen zwischen den eigenen moralischen Ansprüchen und Verhaltensweisen, die ihnen widersprechen. Die Menschen stehen sich quasi selbst im Weg und empfinden dies auch so.

5.1.1 Die Macht der Gewohnheit

Einige der Interviewten sehen die grösste Gefahr für die konsequente Umsetzung ihres Lebensstils darin, ihrer Trägheit nachzugeben und in ihrer Bequemlichkeit zu verharren, also die gewohnten Wege zu nehmen, statt aktiv zu werden und Neues anzugehen bzw. etablierte Dinge auf eine veränderte Art und Weise in Angriff zu nehmen. Es sei so leicht, das Bekannte weiterzuführen, dagegen meist erheblich schwieriger und aufwendiger, Gewohnheiten aufzubrechen und Neues zu wagen. «Wie kann man Leute dazu bringen, das Bewusstsein so zu erweitern, zu verbreitern oder einfach auch an andere zu denken und die Auswirkungen ihres Konsumverhaltens, ihres Tuns im Alltag [zu bedenken]», fragt sich Alexander, wie, dass sie einsehen, «dass das eben nicht nur ein Einkauf im Supermarkt ist, sondern [...] wie eine Abstimmung an der Kasse [...], welche Produkte ich kaufe. Und das ist so schwierig; das sind so diese eingefleischten Gewohnheiten.» Albrecht ist fasziniert von der Lebensweise einer Gruppierung, die mit sehr geringen materiellen Ressourcen auskommt, gesteht sich selber aber ein, dass er – zumindest in der näheren Zukunft – wohl eher nicht so leben wird: «Es würde mich irgendwie durchaus reizen, mal so zu leben, aber da ist dann diese Trägheit und weil ich jetzt in einer guten Wohngemeinschaft bin. Da bleibe ich jetzt wahrscheinlich noch.» Zudem gibt es auch ein Gefühl von Sicherheit, das Etablierte weiterzuführen, und es ist oft auch zeitsparender. Wie Jonathan selbstkritisch feststellt, ist sie «enorm stark, diese Bequemlichkeitszone; lieber das Bekannte einfach weiterfahren, wie es ist».

5.1.2 Wenn das Geld nicht reicht

Fünf Personen bewerten ihre finanzielle Situation als Hemmnis für ihren suffizienten Lebensstil. Sie geben an, aufgrund ihrer finanziellen Ressourcen beispielsweise nicht konsequent die Produkte kaufen zu können, die sie ihrem Wissen und ihren Werthaltungen gemäss (ökologisch hergestellt, saisonal, regional bzw. fair gehandelt) den herkömmlichen Produkten vorziehen würden. Dieses Problem äussern insbesondere Studierende.

5.1.3 Die Last des materiellen Besitzes

Der schon bestehende materielle Besitz wird teilweise auch als hemmend für einen suffizienten Lebensstil empfunden. Dies vor allem dann, wenn die Menschen an ihrem Besitz festhalten und sich nicht in der Lage sehen bzw. nicht willens sind, sich davon zu trennen; selbst wenn ihr Besitz nicht in Einklang mit ihren Wertvorstellungen steht und sie bestimmte Dinge auch nicht unbedingt brauchen. Ein «Zurückschrauben» scheint schwierig, was den Befragten bewusst ist und zu inneren Konflikten führen kann, wie Florian aus eigener Erfahrung berichtet: «Und da denke ich mir, mit meinen Überzeugungen passt das nicht zusammen. Ich sollte das Bedürfnis nach einer kleineren Wohnung verspüren, was ich in einer gewissen Weise auch tue, denn ich würde lieber auf kleinerer Fläche wohnen. Dies würde mir ein besseres Gefühl geben, aber mein Wohnkomfort ist so hoch, dass ich den nicht hergeben möchte.» Jasmin führt ihren Besitz von zwei Autos als Beispiel an. Diese werden zwar nur sehr selten genutzt, aber ein Verkauf stehe für sie nicht zur Diskussion. Auch sie begründet dies damit, dass es sehr schwierig sei, sich von Bestehendem zu trennen. Rahel bestätigt diese Sichtweise und ergänzt, dass es wesentlich einfacher sei, auf Dinge zu verzichten, die man nie gehabt habe.

5.1.4 Mitschwimmen im Strom

Einige der Befragten geben an, dass es ihnen nicht leichtfalle, den täglichen Verlockungen des «Schneller-bequemer-günstiger» zu widerstehen. Sie kritisieren die Macht der Werbung, die das gesellschaftlich erwünschte (Konsum-)Verhalten vorgebe und der sie widerstehen müssen, wenn sie ihren eigenen Vorstellungen treu bleiben wollen. Einerseits fühlen sie sich als ein Teil des Systems und möchten nicht von den anderen abgeschnitten sein, andererseits ist es ihnen wichtig, ihren eigenen Prinzipien möglichst treu zu bleiben und in ihrem Verhalten in Relation zu ihren Werten nicht (zu) inkonsequent zu werden. Ausnahmen sind jedoch erlaubt, wie Alexander sich selbst auch zugesteht: «Es ist ein Abwägemechanismus. Wie viel Unheil verursache ich damit? Und manchmal ... Du bist zum Beispiel in den Ferien und willst essen gehen. Da kannst du ja in kein Restaurant mehr gehen, wenn du es wirklich konsequent so durchdenkst. Und da schalten wir das einmal aus. Dann gehen wir dann auch essen und geniessen das auch völlig, wissen, dass vielleicht Käse und Butter nicht aus so toller Tierhaltung sind. Aber ich denke, das macht den Braten dann nicht fett. Also wir sind auch nicht 100 Prozent konsequent. Das ist fast nicht möglich.» Wie weit man sich selbst treu bleibt und wie weit man im Strom mitschwimmt, ist somit eine Frage, die jede(r) individuell mit sich selbst klären muss. Jede(r) legt andere Schwerpunkte, was für sie bzw. ihn noch vertretbar und was inakzeptabel ist.

5.1.5 Gefangen im Verlangen

Ein wesentliches Hemmnis erkennen einige der Befragten in ihrer Lust, ihrem Verlangen oder sogar ihrer Gier nach etwas, was sie situationsbedingt sehr gerne hätten, aber nicht wirklich benötigen. Diesem Empfinden geben sie manchmal – entgegen ihren Werten – aus einem spontanen persönlichen Bedürfnis heraus nach. «Ich denke, diesen inneren Schweinehund [...], den haben wir alle mehr oder weniger [...], und damit kämpfe ich natürlich auch. Und wenn dann irgendein tolles Objekt lockt im Laden oder auch auf dem Flohmarkt, dann weiss man sich schon zu rechtfertigen, warum man sich das jetzt kaufen darf», gesteht Alexander sich ein.

5.1.6 Fliegen oder nicht fliegen?

Das Thema Fliegen wurde explizit immer wieder angesprochen und hat offensichtlich eine Schlüsselbedeutung innerhalb der Hemmnisse bzw. Interessenskonflikte. Den Konsequenzen aus der klaren Erkenntnis, dass Fliegen grosse Umweltschäden verursacht und daher mit einem suffizienten Lebensstil nicht vereinbar ist, stehen vielerlei Faktoren entgegen: der berufsbedingte «Zwang» zu fliegen, das Bedürfnis, Familien- oder Freundschaftsbeziehungen zu pflegen, oder auch ein persönliches Interesse daran, andere Kulturen kennenzulernen und die eigene Neugier und den Wissensdurst zu stillen.

Fliegen wird ganz klar als Dilemma zwischen den eigenen Wertvorstellungen und dem eigenem Verhalten erkannt und verursacht bei den Befragten insbesondere aufgrund der bedeutenden Umweltauswirkungen ein schlechtes Gewissen. Wenn Flüge im eigenen Entscheidungsbereich liegen, läuft es auch hier wieder hinaus auf ein Abwägen zwischen den Schäden, die man verursacht, und dem persönlichen Gewinn (zum Beispiel das Pflegen sozialer Kontakte), den man erzielen kann. Rahel bringt das Dilemma auf den Punkt: «Ich reise recht gerne, und dort ist es effektiv ein Abwägen. Was kann ich vor mir ökologisch vertreten und was nicht? Wie gross ist der Gewinn an Lebensfreude, den ich dabei habe? Das ist sicher ein schwieriger Aspekt.»

5.2 Hemmende Faktoren auf der Ebene des persönlichen Umfelds

Bei den für ihren suffizienten Lebensstil als hemmend empfundenen Faktoren auf der Ebene des persönlichen Umfelds konnten zwei Themenfelder identifiziert werden. Diese beziehen sich auf Interessenskonflikte im Beruf und einen inneren Konflikt und resultieren beide aus dem Bedürfnis nach Akzeptanz sowie nach Authentizität.

5.2.1 Sachzwänge im Beruf

Hemmende Faktoren im beruflichen Bereich resultieren meist aus Interessenskonflikten zwischen den eigenen Wertvorstellungen und den Erwartungen der Arbeitgebenden. Sie finden sich insbesondere dort, wo die Berufswahl oder die Wahl des Arbeitgebers oder der Arbeitgeberin nicht in Übereinstimmung mit den eigenen Vorstellungen erfolgt ist oder erfolgen konnte. Peter verbindet das Erwerbsleben mit einem Gefühl der Fremdbestimmtheit und begründet dies damit, dass man sich im Erwerbsleben in der Regel in einen Kontext begebe, der dem eigenen Wesen nicht entspreche. Im Unterschied dazu sieht er die Zeit, die ihm zur freien Gestaltung bleibt. Adrian vertritt eine weniger pessimistische Sichtweise, erkennt aber für sich auch ganz klar, dass die berufliche Ebene die meisten Abstriche von den eigenen Wertvorstellungen fordere. Er kritisiert insbesondere die nahezu alles dominierende Forderung nach Effizienz, die das heutige Erwerbsleben kennzeichne.

Im Zusammenhang mit der Erwerbsarbeit ist somit das Thema Zeit und wofür man diese einsetzt für die Befragten sehr wichtig. Tanja bemängelt die für sie unzureichenden Möglichkeiten, eine gute Balance zwischen ihrem Privat- und Erwerbsleben finden zu können, da es an ihrer Arbeitsstelle und in ihrer Funktion nicht möglich ist, die Erwerbsarbeitszeit zu reduzieren. Diese nehme zu viel Raum ein, die Subsistenzarbeitszeit[38] dagegen zu wenig, was einem suffizienten Lebensstil nicht zuträglich sei, wie auch Manuel betont.

Als konkrete Hemmnisse werden zudem Mobilitätsanforderungen der Arbeitgebenden genannt. Diese beziehen sich sowohl auf die Forderung an die Arbeitnehmenden, zwischen Wohn- und Arbeitsort zu pendeln, statt Tele- bzw. Heimarbeit[39] zu ermöglichen, als auch auf die Anforderung zu fliegen, obwohl die technischen Mittel zunehmend verfügbar sind, die beruflichen Erfordernisse auch anders als über den unmittelbaren, per-

38 Die Arbeit, die geleistet werden muss, um die Grundbedürfnisse zu befriedigen, im Gegensatz zur Erwerbsarbeit, die auf die Abdeckung von darüber hinausgehenden Bedürfnissen gerichtet ist.

39 Bei Telearbeit wird mindestens ein Teil der Arbeit ausserhalb des Gebäudes des Arbeitgebers verrichtet; bei Heimarbeit erfolgt die Arbeit vollständig in der eigenen Wohnung.

sönlichen Kontakt zu erfüllen. Sabine, Adrian und Florian kritisieren das Unverständnis, auf das sie stossen, wenn sie am Arbeitsplatz die eigene ablehnende Haltung gegenüber dem Pendeln oder Fliegen äussern. Dass sie dann aber letztendlich doch pendeln oder fliegen müssen, wenn sie ihre Arbeitsstelle nicht gefährden wollen, macht die Situation aufgrund der offensichtlichen Diskrepanz zwischen den eigenen Werthaltungen und den äusseren Zwängen noch schwieriger.

5.2.2 Im Spannungsfeld zwischen Authentizität und Akzeptanz

Ein weiteres Hemmnis sehen die Befragten in der Diskrepanz zwischen den individuell gelebten Wertvorstellungen und denen des persönlichen Umfelds. Tanja und Peter berichten aus eigener Erfahrung, dass Unverständnis und insbesondere gegensätzliche Wertvorstellungen des persönlichen Umfelds zu erheblichen inneren und äusseren Konflikten führen können, da das Risiko bestehe, wichtige soziale Beziehungen zu gefährden. Das betrifft Freundschaften, aber auch familiäre Beziehungen wie die zu den Eltern; und besonders dann, wenn man wie der Student Peter noch im selben Haushalt lebt und das eigene Verhalten stark von dem der übrigen Familienmitglieder abweicht, was häufig kritische Diskussionen provoziert.

Einerseits ist das Bedürfnis der Befragten klar vorhanden, den eigenen Vorstellungen gemäss zu leben, unabhängig davon, wie das Umfeld dazu steht. Andererseits, so beschreibt es auch Maria, ist es ein Bedürfnis, nicht im ständigen Konflikt zu leben, sondern teilhaben und mitreden zu können, und dies auch bei Themen, die für einen selbst in der Regel keine Bedeutung haben (beispielsweise: «Fliege ich über Ostern auf die Malediven oder lieber doch nach New York?»).

Adrian erkennt das Bedürfnis nach sozialer Akzeptanz als Teil des Menschen an, ebenso aber auch das nach Authentizität und Selbstbestimmung, und er erachtet es daher als umso schwieriger, den täglichen Balanceakt zu vollbringen, sich selbst treu zu bleiben, aber dennoch nicht ausgegrenzt zu werden, und schliesslich an dieser inneren Auseinandersetzung nicht zu verbittern oder fanatisch zu werden. Wie stark ein solcher Konflikt empfunden wird, ist individuell sehr unterschiedlich und hängt zu einem grossen Teil davon ab, wie gross das Bedürfnis nach Teilhabe an der Gesellschaft und die Sehnsucht nach Akzeptanz bzw. das Bedürfnis nach Individualität und Selbstverwirklichung ist.

5.3 Hemmende Faktoren auf gesellschaftlicher Ebene

Als Hemmnisse auf gesellschaftlicher Ebene benennen die Befragten Bereiche, die ein weites Feld umfassen und sich von der Kritik an konkreten Angeboten im Bereich Mobilität und Alltagskonsum über die Macht der Werbung bis hin zu einer Reflexion des bestehenden Wirtschaftssystems und dessen Verflechtung mit der Politik erstrecken.

5.3.1 Knackpunkt Mobilität

Hemmnisse für ihren Lebensstil sehen die Interviewten in erster Linie in Fehlanreizen beim Mobilitätsangebot. Der zentrale Bereich, der immer wieder genannt wird, ist das Fliegen (siehe auch Kapitel 5.1.6 und 5.2.1). Beim Fliegen kommt die fehlende Kostentransparenz besonders stark zum Tragen. Es wird kritisiert, dass die künstlich tiefgehaltenen Preise Vielfliegerei förderten und damit einen CO_2-Ausstoss verursachten, der für die Klimaentwicklung fatal sei. Auch die als unzureichend erachtete Veloinfrastruktur wird als Hemmnis bewertet: Diese führe zu relativ wenig Veloverkehr, statt diesen zu fördern. Als Beispiele werden fehlende Veloparkplätze und -reparaturwerkstätten angeführt. Auch werde das Fahrradfahren aufgrund der vielen sehr breiten Autos immer gefährlicher, da der Platz für Radfahrer immer enger werde. «Als Fussgänger und Velofahrer ist man quasi am unteren Ende der Nahrungskette», wie Maria ironisch feststellt. Albrecht sieht auch das gute ÖV-Angebot als Hemmschuh für einen suffizienten Lebensstil, nämlich insofern, als aufgrund der Grösse und der Qualität des Angebots keine Motivation bestehe, grundsätzlich weniger zu reisen: «Das Angebot besteht und dann nutzt man es auch.»

5.3.2 Alltagskonsum – verloren im Dschungel

Die Kritik im Bereich des Alltagskonsums erstreckt sich über ein unzureichendes Angebot ökologisch hergestellter und fair gehandelter Produkte bis hin zu fehlenden Infrastrukturen für solche Waren. So stellt Albrecht fest, dass bestimmte Produkte, die den oben genannten Kriterien genügten, gar nicht im Angebot oder aber nicht überall erhältlich seien. Das Angebot sei grundsätzlich auch viel kleiner als das herkömmliche. Bauernmärkte gebe es auch zu wenige, wie Sabine kritisiert. Manuel bedauert, dass es immer noch kaum nachhaltige Take-away-Angebote gebe. Auch die meist höheren Preise gelabelter Produkte wirkten erschwerend für einen suffizienten Lebensstil (siehe Kapitel 5.1.2). Jasmin, Sabine und Thomas kritisieren die fehlende bzw. ungenügende Transparenz bezüglich Inhaltsstoffen, Produktionsbedingungen und Transportwegen und -mitteln sowie Labels. Viele Zusammenhänge seien für die Konsumierenden nicht klar, wie Sabine zu bedenken gibt: Ist es zum Beispiel besser, ein in Plastik verpacktes Bioprodukt zu kaufen oder ein unverpacktes Nichtbioprodukt? Ist es besser, ein Fair-Trade-Produkt zu kaufen oder aber ein saisonales aus der Region? Die mit solchen Entscheidungen verbundenen Unsicherheiten werden als einen suffizienten Lebensstil erschwerend wahrgenommen.

5.3.3 Die Macht der Werbung

Werbung in ihrem gezielten Einsatz als Sprachrohr des aktuellen Wirtschaftssystems und mit der Macht und Aggressivität, die ihr innewohnt, wird für einen suffizienten Lebensstil als besonders hemmend bewertet. Von mehreren Personen wird die Forderung gestellt, sie zu verbieten. Mit dem Ziel, den Konsum anzukurbeln, diene Werbung lediglich dazu, das bestehende, auf Wachstumsmaximierung ausgerichtete System zu erhalten, und wirke somit jeglichen Suffizienzbestrebungen entgegen. Es werde mit subtilen Mitteln gearbeitet, wie beispielsweise der Suggestion eines Statusverlustes, wenn man das angebotene Produkt nicht kaufe, wie Sabine und Albrecht feststellen. «Kauf dieses Produkt, dann wirst du glücklich und erfolgreich!», ist eine versteckte, aber äusserst wirksame Botschaft, die den Anschein eines Versprechens erweckt und daher umso erfolgreicher ist.

Für Sabine kommen die Logik und das Vorgehen der Werbung einer Ideologie gleich, die sie zutiefst ablehnt. Alexander vertritt die These, dass Werbung dem Menschen innewohnende Eigenschaften anspreche, die nicht offensichtlich, den meisten auch nicht bewusst und daher umso wirkungsmächtiger sind, und nennt als Beispiel das Verlangen, etwas zu wollen, nur weil andere es bereits haben. Die Werbung, so Albrecht, gebe vor, was man machen müsse und was man haben müsse, als ob es gar keine Alternative zum Kaufen und Besitzen gäbe. Jonathan dehnt seine Kritik auf Medien generell aus, die in den meisten Fällen das berichteten, wofür sie bezahlt würden, statt sich um Neutralität zu bemühen, und die damit eine Quasirealität erschaffen würden, die von den Tatsachen oft stark abweiche.

5.3.4 Die Wirtschaft bestimmt die Politik

Stellvertretend für viele der Befragten stellt Florian fest, dass «es sehr viele hemmende Faktoren [gibt], welche stark zusammenhängen mit wirtschaftlichen Überlegungen». Die Befragten kritisieren das jetzige Wirtschaftssystem als so liberal und so mächtig, dass es die Politik steuern könne; dergestalt, dass Massnahmen, die eine nachhaltige Entwicklung fördern sollten und könnten, zu wenig zum Zuge kämen. «Wir leben ja in einer stark wirtschaftsorientierten Gesellschaft, und es wäre naiv zu sagen, wir hätten die nachhaltige Revolution in der Schweiz», führt Florian aus. Diese wirtschaftsorientierten politischen Kräfte torpedierten alle Vorstösse, die in Richtung einer nachhaltigen Entwicklung gingen, da politisches Handeln relativ einseitig von wirtschaftlichen Interessen und damit von der Wachstumsmaximierungslogik diktiert werde. Das aktuelle Wirtschaftssystem wird als von der Gesellschaft entkoppelt wahrgenommen, denn es diene nicht mehr ihr, sondern nur noch den eigenen Zielen. Peter spricht von einer «Ökonomisierung der Gesellschaft» und meint damit, wie stark die Gesellschaft von wirtschaftlichen Prinzipien durchdrungen sei. Beklagt wird, dass durch diese dominierende Ausrichtung viel Potenzial auf sozialer und auch ökologischer Seite verloren gehe oder erst gar nicht zum Zuge komme. Florian identifiziert die gängigen Argumente – den Wirtschaftsstandort Schweiz, die Wettbewerbsfähigkeit, die Arbeitsplatzgefährdung, die Rentabilität – als generelles Problem für eine nachhaltige Entwicklung, wenn Lösungsvorschläge für ökologische oder soziale Probleme diskutiert werden.

Laut Alexander erfolge auch die Verteilung von Geldern – insbesondere der Steuergelder – und die Zuteilung von Subventionen zu wenig im Sinne einer nachhaltigen Entwicklung und zu sehr nach rein wirtschaftlichen Zielen. Die Prioritätensetzung verliefe einseitig. Alexander führt dies darauf zurück, dass in der Politik das Bewusstsein für eine nachhaltige Entwicklung noch nicht weit genug gediehen sei. Innerhalb bestimmter Kreise der Gesellschaft – wie unter den Vertreter(inne)n eines suffizienten Lebensstils – wird das Bewusstsein offensichtlich als erweitert bewertet.

5.4 Fördernde Faktoren auf Persönlichkeitsebene

Aus den Faktoren, die die Befragten als ihren suffizienten Lebensstil fördernd erachten und die in ihrer Persönlichkeit begründet liegen, konnten sechs Themenfelder identifiziert werden.

5.4.1 Zufrieden sein mit dem, was man hat

Am häufigsten wird eine Grundhaltung von Zufriedenheit als fördernder Faktor genannt. Suffizient lebende Menschen streben grundsätzlich nicht nach mehr materiellem Besitz, sondern beurteilen sich selbst als materiell genügsam und praktizieren eine Art freiwilliger Selbstbeschränkung bzw. freiwilligen Verzichts.

Sabine betont die Bedeutung von Bescheidenheit, materiell sowie auch als grundlegende Haltung, und sieht diese in einem unmittelbaren Zusammenhang mit Lebenszufriedenheit: «Ich schätze diesen Wert Bescheidenheit sehr. Er ist für mich einer der Grundwerte. [...] Und ich glaube, Bescheidenheit, Zufriedenheit, die zwei Dinge hängen zusammen. Für ein erfülltes Leben sind sie wertvoll.» Alexander fordert statt Quantität und Wegwerfmentalität Qualität und Langlebigkeit. So zieht er in seinem Konsumverhalten ein Objekt, das eine lange Lebensdauer hat und reparierbar, dafür wahrscheinlich teurer in der Anschaffung ist, einem preiswerteren Wegwerfprodukt auf jeden Fall vor. Schon das erfolgreiche Streben danach, mit möglichst wenig Materiellem auszukommen und sich selbst freiwillig eine Beschränkung aufzuerlegen, könne zur Zufriedenheit beitragen, wie Florian selbst erfahren hat. Seine zufriedensten Augenblicke, so Peter, standen nur mit wenig Materiellem in Verbindung. Materielles kann für ihn eher erschwerend sein. Tanja sieht es als Erleichterung an, dass sie nicht das Bedürfnis hat, immer das Neueste zu besitzen und allen Trends zu folgen. So sei sie beispielsweise zufrieden mit einem alten Computer, wenn dieser noch gut funktioniere. Jasmins Feststellung, «Zufrieden sein mit ein bisschen weniger macht es mir einfacher», bringt diese Haltung gut zum Ausdruck.

5.4.2 Leichter leben

Ein Zuviel an materiellem Besitz kann eine Belastung sein, wie fünf der Befragten für sich festgestellt haben. Sie empfinden es als einengend, sich darum kümmern zu müssen. Entsprechend sind sie bemüht, erst gar nicht viel Materielles anzusammeln. Sollte sich dennoch einmal zu viel angehäuft haben, streben sie danach, sich davon zu befreien, «Ballast abzuwerfen», zu entrümpeln und damit ein Prinzip zu leben, das Sachs bereits im Jahr 1993 als eines der konstituierenden Elemente von Suffizienz identifiziert hat (Sachs 1993). Die Befragten empfinden es als bereichernd, «leichter zu leben» und dadurch auch beweglicher und freier in ihren Entscheidungen zu sein.

Dies kann sich auch auf den finanziellen Bereich erstrecken, da höhere Fixkosten die individuell empfundene Freiheit einschränken können, wie Florian feststellt. Das Ansammeln materieller Güter könne auch Angstgefühle im Sinne von Verlustängsten aufbauen, meint Tanja: «Nach einer gewissen Zeit hat man eine grosse Wohnung, man hat ein Auto, man hat dann diesen Job und so weiter. Sie [die Besitzenden dieser Güter] haben diese Angst davor, dass das wegfallen könnte. [...] Von dieser Angst, sage ich jetzt so, ist relativ vieles geleitet.» Jasmin berichtet aus eigener Erfahrung, als wie belastend sie es erlebt hat, dass man ihr relativ früh materiellen Besitz übertrug und in Verbindung damit auch die Verantwortung dafür. Rahel sieht einen direkten Zusammenhang zwischen ihrem Sicherheitsbedürfnis und materiellem Besitz. Wobei ihre Sichtweise der vorherrschenden genau entgegengesetzt sein dürfte: Sie kehrt den in der Gesellschaft verbreiteten Zusammenhang – mehr Sicherheit durch mehr materiellen Besitz – für sich um. In dem Bewusstsein, dass vieles sehr unsicher ist, fragt sie sich, ob sie immer genug haben wird und übt sich darin, gar nicht so viel zu benötigen und somit auch in kritischen Lebenslagen relativ problemlos und auch zufrieden mit weniger auskommen zu können. Dies trägt wesentlich zu ihrem Sicherheitsgefühl bei.

5.4.3 Das Glück liegt nicht im Materiellen

Dieses Themenfeld hängt eng mit dem Vorherigen zusammen, wobei hier die Frage nach der Relation zwischen materiellem Besitz und individuellem Glück bzw. einem guten Leben im Vordergrund steht. Alexander ist tief überzeugt, dass das Glück und ein gutes Leben nicht von materiellen Dingen und anderen Äusserlichkeiten abhängig sind, sondern im Immateriellen, insbesondere in sozialen Beziehungen zu finden ist. Materieller Besitz rufe höchstens ein «kurzfristiges, schnelles Glückgefühl» hervor, was nicht andauere. «Ich brauche diese vielen Dinge nicht. Ich bin glücklich ohne diese vielen Dinge.» Wie Alexander lehnen auch Tanja und Jasmin die aktuell weit verbreitete Orientierung an Äusserlichkeiten und Statussymbolen ab. «Statussymbole, von denen halte ich nicht viel», betont Jasmin, da diese eben nicht zu ihrem Glück beitrügen. Einige der Befragten streben mit Hilfe von Meditation oder Yoga die Entwicklung ihrer Persönlichkeit an und versuchen, ihre Einstellungen und ihre Handlungen möglichst in Übereinstimmung zu bringen, was sehr zu ihrer Lebensqualität beitrage.

5.4.4 Erkenne dich selbst!

Das Bedürfnis und die Fähigkeit zur kritischen Reflexion der eigenen Persönlichkeit, des eigenen Denkens und Handelns (siehe Kapitel 3.3.1) benennen drei Personen als wesentlichen Faktor, der auch ihren Lebensstil unterstützt. Der «Blick über den Tellerrand», nicht nur was inhaltliche Fragen anbelangt, sondern insbesondere auch in Bezug auf die eigenen Grenzen, die immer wieder angegangen werden, gilt als entscheidend für die Entwicklung und Festigung der eigenen Persönlichkeit und damit auch des eigenen Lebensstils. Dies impliziert auch, sich selbst, seine Handlungen und Motive zu hinterfragen und den Mut zu haben, Neues auszuprobieren und Alternativen zu weit verbreiteten Verhaltensmustern zu suchen und zu leben. Zur Selbstreflexion als solcher fähig zu sein und die daraus resultierenden Konsequenzen zu ziehen, «immer wieder neue Bahnen zu versuchen und auch sich zu trauen, sich selbst zu hinterfragen», wie Alexander seinen Anspruch an sich selbst beschreibt, wird als eine wichtige Kompetenz für die Realisierung eines suffizienten Lebensstils erachtet.

5.4.5 Arbeit am Selbst

Eng verbunden mit dem Anspruch, über sich selbst zu reflektieren, ist derjenige, auch am Selbst zu arbeiten. Ein wesentliches Ziel der Befragten liegt darin, sich eine Strategie und ein Instrumentarium zu erarbeiten, das sie darin unterstützt, ihr Verhalten besser kontrollieren und an ihren Werten ausrichten zu können. Dieses Bemühen um Kohärenz trägt aus ihrer Sicht sowohl zur Entwicklung ihrer Persönlichkeit bei als auch dazu, in Interessenskonflikten, wie beispielsweise einer Entscheidung, etwas nicht zu kaufen, obwohl es einem gut gefällt, in der Lage zu sein, besagte Entscheidung als stimmig und positiv für sich selbst zu erkennen. Die Arbeit am Selbst kann somit auch einen wichtigen Beitrag dazu leisten, das halbe Glas voll und nicht leer zu sehen. Adrian betrachtet es als seine Aufgabe und Verantwortung, diejenigen seiner Fähigkeiten, die er als wichtig und unterstützend für die eigene Lebensweise erachtet, weiterzuentwickeln und zu fördern.

5.4.6 Mit Willensstärke zum Ziel

Schliesslich bezeichnen einige Personen auch ihre Eigenschaft, konsequent in ihrem Denken und Handeln zu sein, als hilfreich für ihren Lebensstil. Diese Eigenschaft unterstütze sie entscheidend dabei, nicht der Sogwirkung der Werbung und des materiellen Konsums zu erliegen und somit auch dem Mainstream zuwiderhandeln zu können. Grundsätzlich, so betonen Tabea und Konrad, ist ihnen die Orientierung an ihren Werten wichtiger als die Befriedigung eines situativen Bedürfnisses oder Lustgefühls, und sie erachten die eigene Willensstärke als wichtige Eigenschaft, um konsequent gemäss ihren Werten und Einstellungen handeln zu können. «Eine gewisse Konsequenz; ich denke, das hilft. Das hat sicher geholfen, als ich mich entschlossen habe, dass ich kein Fleisch mehr esse», so stellt Rahel im Rückblick fest. Die Fähigkeit, mehr oder minder durchgängig das zu tun, was man als gut und richtig empfindet, wohl wissend und im Alltag auch spürend, dass dies meist nicht dem Mainstream, dem Zeitgeist entspricht, wird durch den Anspruch, sich selbst treu zu bleiben, und durch Willensstärke wesentlich unterstützt und ist somit auch für einen suffizienten Lebensstil von wesentlicher Bedeutung.

5.5 Fördernde Faktoren auf der Ebene des persönlichen Umfelds

Bei den Faktoren, die die Befragten in ihrem persönlichen Umfeld als für ihren suffizienten Lebensstil förderlich erachten, konnten drei Themenfelder identifiziert werden: Ein ähnlich denkendes und handelndes persönliches Umfeld, ein unterstützend wirkendes berufliches Umfeld sowie familiäre Einflüsse in Kindheit und Jugend.

5.5.1 Bestärkung durch Gleichgesinnte

Freunde, Bekannte, Mitbewohner(innen), Arbeitskolleg(inn)en

Nahezu alle Befragten (zwölf) nehmen ihren Freundes- und Bekanntenkreis als sehr hilfreich für die Umsetzung ihres Lebensstils wahr. Sie haben in ihrem Umfeld nicht das Gefühl, ein Aussenseiter bzw. eine Aussenseiterin zu sein oder gar auf einsamem Posten zu kämpfen, sondern fühlen sich gestützt in ihrem Denken und Handeln: «Es ist schön, mit diesen Menschen einen Weg zu gehen und auch zu spüren, dass sie mitkommen und mitdenken», wie Anton dankbar anerkennt. Es ist zudem in der Regel nicht notwendig, sich den Freund(inn)en oder Bekannten gegenüber zu erklären oder zu rechtfertigen, denn meist teilen sie die Haltung oder akzeptieren sie zumindest wohlwollend. In einem ähnlich denkenden Umfeld unterstütze man sich gegenseitig, teile Wissen und berate einander. «Dies gibt einem das Gefühl von Aufgehobensein, von Erfahrungenteilen und so auch von Wertschätzung», so hat es Manuel erfahren. Es ist auch leichter, neue Dinge auszuprobieren, da die anderen einen darin meist bestärken. Kreativität, die für einen suffizienten Lebensstil grundsätzlich als fördernd erachtet wird, entwickelt sich zudem viel eher im Dialog mit «Gleichgesinnten», wie Jonathan in seinem Alltag immer wieder erfährt. Jasmin gibt aber auch zu bedenken, dass neben allen Vorteilen eines ähnlich denkenden und handelnden Umfelds die soziale Kontrolle dort auch sehr gross ist. Dies kann einen suffizienten Lebensstil befördern, da alle Verhaltensweisen diese Kontrolle durchlaufen und man sich daher stets an einem Optimum suffizienten Verhaltens orientiert, es kann aber auch einengend sein.

Lebenspartner(in)

Fünf der Befragten heben die Bedeutung des Denkens und Handelns ihrer Lebenspartnerin oder ihres Lebenspartners explizit positiv hervor. Sie fühlen sich unterstützt, wenn die Partnerin oder der Partner sich auf dem gleichen Entwicklungsweg befindet oder grundsätzlich ähnliche Werte vertritt und lebt wie sie selbst. So findet Maria es in ihrer Partnerschaft sehr motivierend, «dass wir uns gegenseitig auch bestärken in dem, ich sage mal, Konsumboykott und auch in Bezug auf das entschleunigte Leben. Dies verstärkt sich sicherlich, weil wir uns gegenseitig dazu antreiben.»

5.5.2 Vorteile am Arbeitsplatz

Im Rahmen des beruflichen Umfelds ist der Zuwachs an Wissen, das für ihren Lebensstil hilfreich ist, für Albrecht, Rahel und Manuel ein wichtiger Faktor. Sie beschäftigen sich nicht nur privat mit Themen, die sie in ihrem Leben als wichtig erachten, sondern können deren Bandbreite auch in ihrer Erwerbstätigkeit im Umweltbereich erweitern. Dies ist sicher ein Idealszenario, bei dem Privat- und Erwerbsleben einander wechselseitig bereichern. Jonathan bewertet seine gezielt ausgewählte Tätigkeit sogar als seine Berufung: «Nicht einfach nur einen Job [zu machen], das ist mein Anspruch ans Leben.» Auch Rahel hat sich ihren Wunsch erfüllen können, einer Arbeit nachzugehen, bei der sie sich für eine Nachhaltige Entwicklung einsetzen kann, und empfindet ihre Tätigkeit als sehr bereichernd. Die hohe Sensibilität der Arbeitskolleg(inn)en und Vorgesetzten zentralen

Suffizienzthemen gegenüber schätzt Albrecht sehr, und Tanja sieht ihre berufliche Tätigkeit als gute Ergänzung zu dem, was sie grundsätzlich bewegt. Gute Rahmenbedingungen wie eine hohe Flexibilität in der Erwerbstätigkeit, sodass beispielsweise Teilzeitarbeit möglich ist, wobei zudem die Arbeitszeit überwiegend selbstbestimmt eingeteilt werden kann, sieht Thomas als sehr wichtig an. Jasmin schätzt zudem die Bezuschussung des ÖV als Lohnbestandteil, da ihr dies ermöglicht, ein Generalabonnement zu kaufen und somit nahezu ausschliesslich den ÖV statt des motorisierten Individualverkehrs zu nutzen.

5.5.3 Von klein auf suffizient geprägt

Fünf der Interviewten führen Faktoren als fördernd an, die aus ihrer Vergangenheit stammen und in ihrer Gesamtheit wesentlich dazu beigetragen haben, dass sie heute einen suffizienten Lebensstil pflegen.

Dazu zählt in erster Linie, was Eltern und/oder Grosseltern vorgelebt und ihnen an Wertvorstellungen mit auf den Weg gegeben haben, sowie die Art und Weise, wie sie aufgewachsen sind. So ist beispielsweise Sabine auf dem Land gross geworden und erlebte die Werte und Verhaltensweisen ihrer Eltern und Grosseltern, die alles Leben wertschätzten, als sehr positiv auch für sich selbst. Sabine habe diese verinnerlicht und in ihrem Erwachsenenleben weitergetragen.

Jonathan berichtet von seiner Kindheit auf dem Land mit eigenem Garten und hochwertiger Ernährung, die er zwar als Jugendlicher abgelehnt, aber später wieder sehr bewusst und gezielt aufgenommen hat und dass er nun auch versucht, den Wert einer guten Ernährung an andere weiterzugeben. Nach dem Vorbild der Eltern hat sich Jasmin schon als Kind vegetarisch ernährt und führt dies auch im Erwachsenenleben fort, da sie für sich den Wert der fleischlosen Ernährung erkennt. Die Diskussion von nachhaltigkeitsrelevanten Themen war ein fester Bestandteil in Sabines und Peters Familien, und entsprechend sensibilisiert besuchten sie die Schule und nahmen später ein Studium auf.

5.6 Fördernde Faktoren auf gesellschaftlicher Ebene

Auch die Faktoren, die auf gesellschaftlicher Ebene als fördernd wahrgenommen werden, ergeben eine breite Palette. Sie erstreckt sich von den als vorteilhaft wahrgenommenen Rahmenbedingungen in Mobilität und Alltagskonsum über die zunehmende öffentliche Präsenz des Themenfeldes Suffizienz und ressourcenschonendes Verhalten bis hin zu institutionellen Rahmenbedingungen in der Schweiz.

5.6.1 Vorbildliches Mobilitätsangebot

Auch wenn vieles im Mobilitätsbereich noch als unzureichend, ausbaufähig und verbesserungswürdig angesehen wird (siehe Kapitel 5.3.1), so herrscht doch Einigkeit darüber, dass es grundsätzlich ein gutes Angebot für ressourcenschonende Mobilität in der Schweiz gibt, was einen suffizienten Lebensstil wesentlich erleichtert. Das ÖV-Netz, die Infrastruktur und die politischen Rahmenbedingungen werden sehr geschätzt und von fünf Personen explizit positiv hervorgehoben. Manuel betont, dass der ÖV sehr stark subventioniert werde und damit die Anreize richtig gesetzt würden. Auch die bereits bestehende gute Velo-Infrastruktur wird als förderlich angeführt.

5.6.2 Nachhaltiger Alltagskonsum auf dem Vormarsch

Das bereits bestehende Angebot an Produkten, die ökologisch produziert und fair gehandelt bzw. vermehrt aus der Region und saisonal angeboten werden sowie deren zunehmende Sichtbarkeit werden sehr geschätzt. Manuel spricht von einem «Megatrend», den er gegenwärtig wahrnehme und der seine Lebensweise stark erleichtere. Peter verweist auf die Vielzahl an Fair-Trade-Produkten, die angeboten und gekauft würden, und Tabea und Konrad schätzen die erleichterten Beschaffungsmöglichkeiten, da gewünschte Produkte (zum Beispiel Fair-Trade-Kleidung) mittlerweile auch online bestellt werden können.

Die Existenz von Slow-Food-Märkten, auf denen vor allem lokale und traditionell handwerklich verarbeitete Produkte angeboten werden, sowie das Direktzahlungssystem in der Landwirtschaft, das spezielle Anreize für Landwirte und Landwirtinnen schafft, ökologisch zu produzieren, bewertet Manuel als für einen suffizienten Lebensstil sehr förderlich. Viele Restaurants bieten zudem regionale Produkte an, die sie auch entsprechend in der Speisekarte ausweisen, wie er festgestellt hat. Thomas wertschätzt grundsätzlich die vielen Möglichkeiten, Produkte mit der Qualität, die er sich wünscht, wählen zu können, was seine suffiziente Lebensweise sehr begünstige.

5.6.3 Suffizienz hält Einzug

Florian, Jasmin und Alexander beobachten, dass der Themenkomplex Suffizienz, ressourcenschonendes Verhalten in Verbindung mit dem guten Leben, in vielerlei Facetten zunehmend in der Gesellschaft ankommt. Von Formen urbaner Landwirtschaft wie Urban Farming auf konkreter Ebene bis hin zu Gerechtigkeitsfragen auf übergeordneter Ebene: Sie würden immer stärker in der Wissenschaft, vor allem aber auch im Alltag wahrgenommen und diskutiert. Sie hätten somit ihre Nische verlassen und würden zunehmend «gesellschaftsfähig»: «Man redet immer mehr über diese Themen», stellt Jasmin erfreut fest. Dies kann die Akzeptanz in der Gesellschaft und die gesellschaftliche Wertschätzung des eigenen Lebensstils fördern und erleichtert daher auch dessen Umsetzung. Das Gefühl, als «Don Quichote gegen die Windmühlen zu kämpfen», das Pioniere eines suffizienten Lebensstils oftmals auf ihrem Weg begleitet, lässt nach. Sie sind oder fühlen sich nicht mehr alleine, es eröffnen sich zunehmend Möglichkeiten zu einem Dialog – über das eigene unmittelbare Umfeld hinaus auf gesellschaftlicher Ebene.

Nach Florians Einschätzung kann die wachsende gesellschaftliche Wahrnehmung überdies dazu beitragen, dass suffizient lebende Menschen einen Imagegewinn erzielen und sich selbst und ihren Lebensstil auch zur Selbstdarstellung nutzen können. Dadurch können sie das Gefühl, etwas Gutes und Progressives für sich zu tun, aber auch auf gesamtgesellschaftlicher Ebene, noch um das Gefühl, dies auch anderen zeigen zu können, ergänzen. Quasi nach dem Motto: «Tue Gutes und sprich darüber!» Florian beobachtet dies nicht nur auf individueller Ebene, sondern findet es zunehmend auch in der Wirtschaft wieder. Wirtschaftsunternehmen könnten es sich heute kaum noch leisten, so seine Einschätzung, die Ressourcenproblematik öffentlich zu missachten. Fraglich und individuell sehr unterschiedlich dürfte es dann aber sein, ob sie das Thema proaktiv aus innerer Überzeugung angehen oder aber nur, um im Trend zu sein und einen Imagegewinn bzw. einen Vorteil gegenüber der Konkurrenz zu erlangen und letztlich höheren Profit zu erzielen, wie Alexander kritisch anmerkt. Doch immerhin finde eine Auseinandersetzung statt, was er grundsätzlich begrüsse.

5.6.4 Gute institutionelle Rahmenbedingungen in der Schweiz

Bemerkenswerterweise benennen einige der Befragten das demokratische System in der Schweiz und darauf basierende Rahmenbedingungen als hilfreich für ihren Lebensstil. Das System wird somit nicht einfach als gegeben erachtet, sondern ist als besonderer Wert offensichtlich auch stark im Bewusstsein verankert. Ein Grund könnte sein, dass im Zuge persönlicher Erfahrungen andere Systeme erlebt wurden, in denen es nicht oder kaum möglich wäre, einen suffizienten Lebensstil zu pflegen bzw. überhaupt einen individuellen Lebensstil zu wählen. Zentrale Werte für einen suffizienten Lebensstil sind für Alexander und Jonathan die guten gesetzlichen Rahmenbedingungen, die Rede- und Meinungsfreiheit sowie Freiheit generell und ein Leben in Frieden. Alexander betont, dass die Rede- und Meinungsfreiheit die Möglichkeit biete, sich ungestraft kritisch äussern zu können – nicht nur verbal, sondern auch künstlerisch-kreativ –, was den Kreis derer, die man mit seinen Botschaften erreichen will, sicher noch einmal vergrössere und für ihn als Grafiker besonders wertvoll sei. Gelobt wird auch die Rechtssicherheit. Tabea und Konrad schätzen die Existenz von Nichtregierungsorganisationen, die die Möglichkeiten haben und nutzen, Dinge zu bewegen, die von staatlicher Seite gegebenenfalls noch zu wenig angegangen werden. Dies wiederum, meint Peter, ermutige auch den Einzelnen. Manuel und Florian heben insbesondere in Bezug auf den

Umgang mit natürlichen Ressourcen die politischen Rahmenbedingungen (zum Beispiel Vorschriften und finanzielle Anreize für ressourcenschonendes Verhalten und den Einsatz erneuerbarer Energien) als fördernd hervor. Maria und Alexander sind sich dessen bewusst, dass sie in der Schweiz einen hohen Lebensstandard haben und somit privilegiert sind, ihre Art der Lebensführung individuell wählen zu können. Beispiele sind die freie Wahl des Wohn- und Arbeitsortes sowie der Arbeitsstelle. Die Schweiz bietet zudem gute Sozialleistungen und Vergünstigungen für Geringverdienende, was Maria als sehr wichtig für ihren Lebensstil erachtet. Wie Jonathan für sich festgestellt hat, können die guten Rahmenbedingungen, in Verbindung damit, dass das Lohnniveau relativ hoch ist, es ermöglichen, mit einer suffizienten Lebensführung finanziell relativ gut bzw. lange auszukommen. Für Albrecht und Jonathan bedeutet dies, dass sie durch Teilzeitarbeit eine Balance zwischen Privatleben bzw. Subsistenzarbeit und Erwerbsarbeit finden können, was sie besonders schätzen.

5.7 Fazit

Wie die Aussagen unserer Befragten gezeigt haben, gibt es bei den meisten Themenfeldern eine grosse Übereinstimmung darüber, was für einen suffizienten Lebensstil als hemmend und was als förderlich empfunden wird. Daneben gibt es jedoch auch Faktoren, die einige als vorteilhaft empfinden, während die anderen sie als hinderlich kritisieren.

Ein Beispiel ist das gute ÖV-Angebot in der Schweiz. Es wirke insofern fördernd für einen suffizienten Lebensstil, als es aufgrund seiner hohen Qualität dazu motiviere, den motorisierten Individualverkehr weniger und stattdessen den ÖV zu nutzen. Dies trage insbesondere zu einer Reduktion des CO_2-Ausstosses bei. «Das ist immerhin etwas«, so könnte man in Übereinstimmung mit einigen Befragten sagen. «Doch es ist nicht genug und setzt sogar falsche Anreize», wie Kritiker anmerken. Das gute ÖV-Angebot motiviere nämlich grundsätzlich dazu, viel zu reisen, und verhindere somit, dass kritische Fragen im Sinne von «Wie viel Mobilität braucht der Mensch grundsätzlich?» oder «Wie viel Verkehr können wir verantworten?» überhaupt gestellt werden. Ein gutes ÖV-Angebot werde immer und zunehmend genutzt werden. Und auch wenn es aus ökologischer und sozialer Sicht wesentlich nachhaltiger sei als der motorisierte Individualverkehr, so verhindere es doch, dass die Kernfrage nach dem rechten Mass von Mobilität gestellt werde. So kann eine Massnahme wie die Förderung des ÖV, die ja grundsätzlich im Sinne der Suffizienz ansetzt, dennoch insgesamt kontraproduktiv wirken. Dieses Phänomen bezeichnet man als Rebound-Effekt[40] im Bereich Suffizienz. Der im Zusammenhang mit der Effizienzstrategie vielzitierte Effekt macht daher auch vor Strategien und Massnahmen im Suffizienzbereich nicht halt, und es erfordert eine ausgeprägte Sensibilität und die Bereitschaft und Fähigkeit zur Reflexion, dies zu bemerken und das eigene Verhalten dahingehend zu überprüfen.

40 Ein Rebound-Effekt bezeichnete ursprünglich den mengenmässigen Unterschied zwischen den möglichen Ressourceneinsparungen, die durch bestimmte Effizienzsteigerungen entstehen, und den tatsächlichen Einsparungen (www.nachhaltigkeit.info/artikel/rebound_effekt_1822.htm; Zugriff am 15.03.2016).

6
Förderung und Verankerung eines suffizienten Lebensstils – die Sicht der Befragten

In diesem Kapitel soll gezeigt werden, in welchen sozialen und wirtschaftlichen Bereichen die Befragten die Notwendigkeit zur Änderung sehen, welche Änderungen sie als besonders wichtig erachten und welche konkreten Massnahmen sie vorschlagen, damit ein suffizienter Lebensstil in der Gesellschaft verbreitet und verankert werden kann. Dargestellt werden die Handlungsfelder Bildung, Mobilität, Konsum, Produktion, Raumplanung und Bauen, gesellschaftlicher Zusammenhalt sowie Wirtschaftssystem. Zum Abschluss folgt ein Einblick in Themen, die jeweils nur von einer Person angesprochen wurden.

6.1
Handlungsfeld Bildung

6.1.1 Bewusstseinsbildung im Sinne eines Wertewandels

Der Bereich Bildung wird als besonders wichtig für die Förderung eines suffizienten Lebensstils erachtet. Dies zeigt sich alleine daran, dass neun der 15 Befragten Bildung explizit nennen und der Bildungsarbeit eine zentrale Bedeutung zuschreiben, um einen gesamtgesellschaftlichen Bewusstseins- und Wertewandel in Gang zu setzen. Einen solchen Wandel erachten sie als unabdinglich: «Das Bewusstsein müsste sich ändern und die Werte, die vermittelt werden. Das hat viel mit Bildung zu tun», erläutert Jasmin den Zusammenhang. Der Bildungsbegriff wird dabei sehr unterschiedlich verstanden und reicht von konkreten Massnahmen – neue Lehrgänge oder mehr Aufklärungsarbeit – bis zur Persönlichkeitsentwicklung im Sinne des humanistischen Bildungsideals. Bildung dient somit dem Erreichen von Zielen auf unterschiedlichen Ebenen. Entsprechend breit gestaltet sich auch die Palette dessen, was sie leisten soll, um einen suffizienten Lebensstil zu fördern. Im Folgenden soll ein Einblick in die vielfältigen Erwartungen suffizient lebender Menschen an Bildung geboten werden.

Der oben genannte Bewusstseinswandel erwies sich in den Gesprächen als Schlüsselfaktor für einen suffizienten Lebensstil: «Das Wichtigste wäre, bei den Schulen, in der Ausbildung nicht zu sparen. Ganz am Anfang eigentlich die Bildung. Es geht wirklich ums Bewusstsein. [...] Alles andere ergibt sich dann eigentlich fast von selbst. [...] Das eine zieht das andere nach sich. Ich denke, es beginnt alles mit dem Bewusstsein», stellt Alexander fest. Dahinter verbirgt sich die Forderung nach einem Wandel etablierter Werte hin zu mehr Gerechtigkeit, Solidarität oder Achtsamkeit – Werte, die einen suffizienten Lebensstil kennzeichnen. Adrian betont die Bedeutung der Werte- und Kompetenzvermittlung, die sich auch auf emotionaler Ebene auswirke und insbesondere das Bewusstsein für die wechselseitige Abhängigkeit aller Lebewesen umfasse, sowie die Fähigkeit, mitfühlen zu können. Auch Sabine und Tanja sehen die Fähigkeit, von der Wirtschaft und von ihrer Umwelt Bezüge zur eigenen Person und zur persönlichen Verantwortung herstellen zu können, als wichtigen Teil der Bildungsarbeit an.

Eine andere Forderung an Bildung bezieht sich auf das Erlernen und Einüben von Reflexionsprozessen.

Für Sabine ist Reflexionskompetenz eine wichtige Voraussetzung für suffizientes Handeln, da Letzteres in der Regel das Durchbrechen von Routine und das Ausprobieren neuer Wege verlangt: «Warum sollte man aber anders handeln, wenn man nie gelernt hat zu reflektieren und zu hinterfragen?», fragt sie kritisch. Alexander empfiehlt, Spiritualität in den schulischen Unterricht zu integrieren, da mit ihrer Hilfe Werte wie beispielsweise Achtsamkeit gegenüber sich selbst und anderen Lebewesen besonders gut vermittelt werden könnten. Einige der Interviewten sehen einen engen Bezug zwischen dem als erforderlich erachteten Bewusstseins- bzw. Wertewandel durch Bildung und dem aktuellen Wirtschaftssystem. Der wiederholt geforderte Wandel des Wirtschaftssystems – dieser ist Gegenstand von Kapitel 6.7 – müsse durch entsprechende Bildungsarbeit vorbereitet und begleitet werden. Das aktuelle Wirtschaftssystem basiere auf Werten, die denen eines suffizienten Lebensstils grundsätzlich widersprächen. Es erfordere eine intensive Wertediskussion, um diese Diskrepanz offenzulegen, einen Wandel der Werte in Gang zu setzen bzw. ausgeblendete Werte wieder zu aktivieren und damit auch mit den dominanten Zielsetzungen des aktuellen Wirtschaftssystems brechen zu können. Peter fordert daher eine «Transformation der Werte von einer ökonomischen Logik zu einer nachhaltigen Logik». Ein Wandel des Bewusstseins zöge auch ein verändertes Konsumverhalten nach sich, was, so Alexander, von der Wirtschaft bemerkt und diese zu einer Anpassung veranlassen würde. Diese Einschätzungen zeigen eindrücklich, welche Wirkungskraft Bildung beigemessen wird.

In Bezug auf konkrete Massnahmen im Bildungsbereich werden unter anderem Sensibilisierungskampagnen vorgeschlagen, die auf das jeweils eigene Verhalten aufmerksam machen und zu dessen Reflexion und gegebenenfalls Änderung motivieren sollen. Maria sieht darin eine grössere Chance, eine Verhaltensänderung zu bewirken, als mittels Verboten, sie räumt aber auch ein, dass solche Prozesse langfristig angelegt sein müssten. Manuel empfiehlt, die hauswirtschaftliche Ausbildung um Kenntnisse und Fähigkeiten zu erweitern, wie man bestimmte Lebensmittel verarbeitet, die nicht zum Standardrepertoire gehören und deren Zubereitung fast in Vergessenheit geraten sei, wie beispielsweise Federkohl. Hier sieht er die öffentliche Hand in der Verantwortung. Zur Förderung der nachhaltigen Lebensmittelproduktion, konkret des biologischen Landbaus, empfiehlt Manuel die Einrichtung eines entsprechenden Ausbildungslehrgangs am Institut für ökologischen Landbau oder an einer landwirtschaftlichen Schule.

6.1.2 Die Bedeutung von Vorbildern

Einige der suffizient lebenden Befragten betonen, wie wichtig es für die Verbreitung ihres Lebensstils sei, dass es Vorbilder gebe, an denen man sich als Einzelne(r) orientieren könne. «Einfluss auf andere kann auch die eigene Ausstrahlung haben. Man sollte nicht als Asket oder Verzicht-

Vorbildlich unterwegs Richtung Suffizienz

mensch wahrgenommen werden, der anderen Vorwürfe macht und [sie] missioniert», wie Tabea und Konrad betonen. Sie versuchen so zu leben, wie sie es für richtig halten, und hoffen, dass dies andere dazu motiviert, genauer hinzuschauen und nachzufragen, warum sie so leben. «Wichtig ist, exemplarisch ein anderes Leben zu leben. Dadurch kommt etwas in Gang, durch das eigene Erleben. Es ist manchmal wichtig, selber etwas anzufangen, etwas auszuprobieren. [...] Wenn andere fragen, kann ich zum Beispiel erklären, warum ich es schön finde, Zug zu fahren. Sichtbar zu machen, was eigentlich die Motivation ist und dass es Freude macht, so zu leben. Das verändert die Welt nicht, aber es kann Menschen zum Nachdenken anregen und das ist schon mal ein erster Schritt [...]. Im besten Fall gerät ihr Weltbild so ein wenig ins Wanken.» In diesem Sinne wollen Tabea und Konrad Vorbilder sein, ohne zu missionieren.

Die Aufgabe der öffentlichen Hand sieht Manuel darin, diese Vorbilder besser sichtbar zu machen, sie «ins Schaufenster zu stellen» und dabei auch unterstützend zu kommunizieren, dass ein solcher Lebensstil möglich ist und auch durchaus im Hier und Heute gelebt wird. «Es müsste gezeigt werden, dass ganz viel Lebensfreude und Zufriedenheit in einem suffizienten Lebensstil drinsteckt, dass es nicht primär Verzicht ist», sagt Rahel nachdrücklich.

Die Bedeutung von Vorbildern erstreckt sich auch auf die Wirtschaft. Sabine sieht eine Chance darin, dass kleine ökologische Alternativen viel Neues kreieren und aufzeigen, dass es eben auch anders geht als in den etablierten Bahnen. Dies wiederum könne andere dazu ermutigen, einem solchen Beispiel zu folgen.

6.2 Handlungsfeld Mobilität

Für den Mobilitätsbereich fordern die Befragten, dass vermehrt mit Anreizen und Subventionen gearbeitet werden solle. So sollten beispielsweise Sharing-Systeme stärker gefördert werden.

Sabine sieht eine Möglichkeit darin, Subventionen von der Strasse abzuziehen und in den Zugverkehr zu investieren. Grüne Technologie könnte als Standardbedingung für Subventionen festgelegt werden, wobei ihr bewusst ist, dass damit der problematische Anspruch auf Wachstumsmaximierung durch Effizienzsteigerung nicht gelöst wird. Dennoch plädiert sie dafür, alle zur Verfügung stehenden Möglichkeiten der Ressourceneinsparung zu nutzen und somit auch die drei Nachhaltigkeitsstrategien Effizienz, Konsistenz und Suffizienz nicht gegeneinander auszuspielen, sondern vielmehr Synergien zu nutzen (siehe Kapitel 1).

Maria empfiehlt, den Fuss- und Veloverkehr zulasten des motorisierten Individualverkehrs zu fördern. Auch die Veloinfrastruktur – mehr Veloparkplätze und -reparaturwerkstätten – müsste verbessert werden. Die Internalisierung externer Kosten und die Herstellung von Kostentransparenz ist ein grosses Bedürfnis der Interviewten, insbesondere was das Fliegen angeht. Sie kritisieren die kostengünstige, aber extrem klimaschädliche Vielfliegerei scharf, und Sabine wünscht sich «ein richtig ökologisches Flugzeug». Zudem sollte in Relation zum Flugzeug die Nutzung umweltverträglicherer Transportmittel wie Schiffe billiger sein. Dazu fordert Sabine den Ausbau entsprechender Anreizsysteme und verweist auf das gute Beispiel des Pariser Instituts für Politische Studien (Sciences Po), an dem ein Umweltkomitee Unterstützung bietet, wenn man mit dem Schiff statt mit dem Flugzeug reisen möchte.

Manuel und Florian halten die derzeitigen Abgasvorschriften für zu wenig weitgehend. Auch müsste es strengere Vorschriften im Bereich der Grenzwerte des CO_2-Ausstosses bei Fahrzeugen geben. Als weitere Massnahme im Handlungsfeld Mobilität sieht Manuel eine künstliche (per Gesetz) Verknappung des Angebots an Parkplätzen, denn dadurch würde das Autofahren weniger attraktiv.

Rahel fordert, dass man «übers Portemonnaie merken [müsse], was man macht, wie man handelt», und schlägt daher vor, das Generalabonnement abzuschaffen, damit einem bei jeder Fahrt mit dem ÖV bewusst werde, dass es etwas kostet. Auch die externen Kosten des ÖV sollten auf die Nutzer(innen) umgelegt werden. Rahel denkt zudem über Möglichkeiten nach, nicht nachhaltiges Verhalten anders als über Verteuerungen zu reduzieren. Eine Idee ist, notwendige Fahrten von A nach B in der Art eines Guthabens zuzuteilen, wovon jeder das Gleiche bekommt, sie räumt aber gleich selber die darin bestehende Problematik der Bedürfnisgerechtigkeit ein, denn nicht jeder ist in gleichem Masse auf solche Fahrten angewiesen.

6.3 Handlungsfeld Konsum von Gütern und Dienstleistungen

Florian, Maria und Albrecht sehen einen wirksamen Hebel zur Einschränkung nicht nachhaltigen Verhaltens in der Preispolitik. Sie fordern, dass alles, was nicht nachhaltig ist, erheblich teurer werden müsse, dagegen die Preise gelabelter Produkte nicht höher sein dürften als von herkömmlichen Produkten. Als Beispiele nennen sie Konsumwaren, Strom und Energie grundsätzlich. Diese brauche jeder Mensch und so könnten auch alle zur Einsparung beitragen. Florian ist jedoch auch die soziale Gerechtigkeit ein wichtiges Anliegen. Die Preiserhöhung müsse so gesteuert werden können, dass es nicht vor allem diejenigen träfe, die eh schon wenig hätten. Als weiteren Hebel sehen Albrecht, Thomas und Rahel die Herstellung von Kostentransparenz, indem die externen Kosten internalisiert werden. So könnten Bioprodukte preiswerter werden als Nichtbioprodukte und Ökostrom preiswerter als Nichtökostrom. Für den Lebensmittelbereich schlägt Sabine vor, das Lebensmittelgesetz so anzupassen, dass auch abgelaufene Lebensmittel noch verkauft werden dürfen, um so der Wegwerfmentalität entgegenzuwirken.

6.4 Handlungsfeld Produktion von Gütern und Bereitstellung von Dienstleistungen

Ein grosser Teil der Empfehlungen und vorgeschlagenen Massnahmen bezieht sich auf dieses Handlungsfeld. So fordert Maria Änderungen in den Produktionsbedingungen, die mittels strengerer Gesetze zu realisieren wären. Beispielsweise müsste es verboten werden, Hühnerfleisch aus Batteriehaltung zu verkaufen. Florian plädiert dafür, Produkte mit strengeren Nachhaltigkeitsauflagen zu belegen. Er hält dies für zielführender als

Produkte zu verteuern, denn die Wohlhabenderen könnten sich das Teurere immer leisten. Wenn es das Produkt auf dem Markt jedoch einfach nicht mehr gäbe, da es den Nachhaltigkeitskriterien nicht genüge, könne es auch niemand mehr kaufen. Viele fordern zudem ein grösseres Angebot an ökologisch hergestellten und fair gehandelten sowie saisonalen Produkten und solchen aus der Region. Angebote wie diese sollten auch besser verbreitet und die entsprechende Infrastruktur ausgebaut werden. Zusätzlich wird die vollständige Transparenz von Produkten bezüglich Inhaltsstoffen, Produktionsbedingungen, Transportwegen und -mitteln gefordert. Für Alexander ist Verpackung ein wichtiges Thema, und er verlangt, dass weniger Plastik verwendet wird.

Manuel fordert, dass Unternehmen Alternativen zur gewollten Obsoleszenz bieten, wie beispielsweise Garantien oder Reparaturmöglichkeiten. Firmen wie Apple sollten ihre Geräte nach ein paar Jahren, wenn die Software nicht mehr so aktuell ist, zurücknehmen und aktualisieren. Man sollte die Geräte einschicken können und die Firma müsste sie erneuern. Möglich wäre auch, dass Kunden die Geräte nur leasen oder mieten. Dann wäre das Unternehmen dafür verantwortlich, dass das Gerät funktioniert. Der Kunde zahlt die Mietgebühr und als Gegenleistung reduziert die Firma sukzessive den Fussabdruck ihrer Geräte.

6.5 Handlungsfeld Raumplanung und Bauen

Thomas sieht einen Verbesserungsbedarf in der Einrichtung und Gestaltung von Erholungsräumen in der Stadt. «Wo geht man sich erholen? In schöne Landschaften, wo es grün und schön ist. Warum ist das nicht auch dort so, wo man wohnt?», fragt er kritisch. Erholungsräume müssten hinreichend gross sein und so gestaltet werden, dass sie auch Ruhe und Naturgeräusche bieten, denn Ruhe ist für Thomas ein wichtiges Kriterium für die Lebensqualität. Sabine empfiehlt als weitere raumplanerische Massnahme, bei der Platzierung von Märkten – zum Beispiel dem Wochenmarkt – stärker darauf zu achten, dass er möglichst zentral liege und gut erreichbar sei.

Den Befragten geht es im Bereich Raumplanung weniger darum, etwas Konkretes zu tun, als vielmehr darum, Raum freizugeben und Dinge entstehen zu lassen. So empfiehlt Tanja, dass mehr Freiräume in der Stadt vorgesehen und toleriert werden sollten, und zwar Freiräume im Sinne von Lebensmöglichkeiten, die von der Norm abweichen, wie zum Beispiel das Labitzke-Areal in Zürich. «Das ist ein wertvoller und wichtiger Teil einer Stadt und oftmals sind die Menschen, die dort wohnen, in irgendeiner Art und Weise in Projekte und Organisationen involviert, die sich Gedanken machen zu Suffizienz, Umweltschutz, alternativen Wirtschaftsformen etc.»

In Ergänzung zu Tanjas Wunsch fordert Jasmin eine andere Baukultur – weg vom Einfamilienhaus und hin zu mehr Gebäuden bzw. Gebäudeanlagen für gemeinschaftliches Wohnen und Leben. Sie sieht darin sowohl praktische Gründe, die zur Ressourcenschonung beitragen – gewisse Dinge und Räume werden nicht mehr gebraucht, wenn man sie teilt; wenn beispielsweise andere auf die Kinder aufpassen, entfällt der Weg in die Kindertagesstätte –, als auch soziale Vorteile: «Die Leute wären dann weniger isoliert. Viele Sachen werden nur getan oder gekauft, weil man allein ist.»

6.6 Handlungsfeld gesellschaftlicher Zusammenhalt

In ihrer Forderung nach mehr Gebäuden und Gebäudeanlagen, die gemeinschaftliches Wohnen und Leben fördern, kommt auch Jasmins grundlegender Wunsch nach mehr Gemeinsamkeit zum Ausdruck: «Was sich in unserem Wohlstandsland ändern müsste, sind die Nachbarschaften. Denn nur so lässt sich viel bewegen – Sachen teilen, zusammen etwas machen.» Die Bedürfnisse der Menschen sollten berücksichtigt und sichtbar gemacht werden, fordert Tanja. Sie sollten sich in ihrem Wohnumfeld zu Hause fühlen, die Nachbar(inne)n kennen, Möglichkeiten haben, zu partizipieren und mit anderen zusammen etwas in Anspruch zu nehmen und zu gestalten. Auch die Lust, Neues auszuprobieren, würde durch das gemeinsame Wohnen gefördert, denn wenn man merke, dass gewisse

Dinge im Zusammenleben gut funktionierten, motiviere dies auch dazu, neue Wege zu gehen. Wie für Thomas, hat Ruhe auch für Jasmin einen hohen Stellenwert für ihre Lebensqualität. Sie kann ihrer Meinung nach zum Beispiel in der Zeit entstehen, die man gemeinsam im Garten verbringt. Zudem erachtet Jasmin den Garten auch als eine gute Lernumgebung, denn bei der Gartenarbeit könne man Dinge wieder lernen, die man längst vergessen habe.

Tanja, Tabea und Konrad sehen im gemeinschaftlichen Handeln nicht nur einen Beitrag zur Lebensqualität, sondern auch eine grosse gesellschaftliche Kraft. «Es ist zwar spannend, zu sehen, dass jede einzelne Person eine andere Herangehensweise hat, um einen möglichst suffizienten Lebensstil zu erreichen. Wichtig ist aber auch, sich bewusst zu sein, dass es eigentlich nur gemeinsam möglich ist – in kleineren oder grösseren Gruppen. Als Einzelperson ist der Aktionsradius beschränkt. Es öffnet sich extrem vieles, wenn man auch gegenseitig Wissen einbringen kann, sich gemeinsam mit Dingen beschäftigen kann, diskutiert und es gemeinsam versucht, so zu gestalten, wie man es für gut hält», sagt Tanja. Dadurch, dass in grösseren Gruppen viele verschiedene Kompetenzen zusammenkommen, werde auch der Handlungsspielraum grösser. Dieser sollte auch genutzt werden, fordern Tabea und Konrad, denn dann könne viel bewirkt werden. Was sich alles aus gemeinsamem Wohnen und Leben ergeben kann, hält Thomas für einen suffizienten Lebensstil für sehr wichtig, «weil man dies dann von Beginn aus in kleineren Kreisläufen zu leben beginnt». Und er empfiehlt, solche Lebensentwürfe auch politisch zu fördern.

6.7 Handlungsfeld Wirtschaftssystem

6.7.1 Umbau des Wirtschaftssystems

Die grosse Mehrheit der Befragten (neun der 15 suffizient lebenden Personen) sieht einen grundlegenden Wandel des aktuellen Wirtschaftssystems als unabdinglich an. Ein suffizienter Lebensstil, dessen grundlegendes Ziel ein geringerer Ressourcenverbrauch ist, ist nicht vereinbar mit einem Wirtschaftssystem, in dem der Zwang zu beständigem Wachstum systemimmanent ist. Viele sind der Ansicht, die Wirtschaft hinge davon ab, dass alle immer mehr kauften. Dies ist eine grobe Vereinfachung, trifft jedoch den Kern des Problems der grundsätzlichen Unvereinbarkeit eines suffizienten Lebensstils mit einem dem Wachstumsmaximierungszwang unterliegenden Wirtschaftssystem.

Ansätze, die zu einer nachhaltigen Entwicklung innerhalb des aktuellen Wirtschaftssystems beitragen sollen, wie beispielsweise Green Economy oder Green Growth haben nach Sabines Einschätzung ihr Ziel nicht erreicht. Was es brauche, seien Alternativen, die zeigen könnten, dass es auch anders geht. Manuel denkt an eigenständige kleine Wirtschaftssysteme, wie zum Beispiel Repaircafés, in denen Dinge repariert werden, man aber auch selber lernen kann, Dinge zu reparieren, und eventuell auch mit einer anderen Gegenleistung zahlt als mit Geld. Alexander geht das Wirtschaftsthema aus dem Blickwinkel der Gerechtigkeitsfrage an und fordert die Politik auf, dafür Sorge zu tragen, dass die Schere zwischen Arm und Reich nicht immer weiter aufklafft und die Finanzströme anders fliessen. Sabine wagt ein Gedankenexperiment und fragt sich, welche Konsequenzen es hätte, wenn ein Grossunternehmen den Wachstumsanspruch aufgäbe, und welchen Einfluss dieses Unternehmen mit seiner Neuausrichtung beispielsweise auf Landesregierungen ausüben könnte. Für Albrecht ist klar, dass früher oder später der Konsum reduziert werden muss und somit auch keine Wachstumsmaximierung mehr möglich ist. Daher sieht er es als zentrale Aufgabe an, vorher das System so umzustellen, «dass man noch einen geordneten Rückzug machen kann, damit kein Chaos entsteht».

Der Werbung wird eine hohe Bedeutung für den Erhalt und die Ankurbelung des aktuellen Wirtschaftssystems beigemessen. Deshalb fordern mehrere der Befragten, dass Werbung in ihrer bestehenden Form und Zielsetzung verboten wird, wenn ein suffizienter Lebensstil verbreitet und gefördert werden soll.

Trotz aller Kritik wird deutlich, dass die Befragten grundsätzlich nicht daran glauben, dass sich bereits mittelfristig ein anderes Wirtschaftssystem durchsetzen könnte – «es sind zu viele Lobbyisten in der Politik, und die Wirtschaft ist viel zu stark», bemerkt Alexander. Daher fokussieren sie auf das aus ihrer Sicht gegenwärtig schon Machbare und schlagen Massnahmen wie die Einführung eines bedingungslosen Grundeinkommens vor, welches bereits wesentlich zur Förderung und gesellschaftlichen Verankerung eines suffizienten Lebensstils beitragen könne.[41]

6.7.2 Bedingungsloses Grundeinkommen

Tanja, Alexander, Florian und Albrecht machen sich für die Einführung eines bedingungslosen Grundeinkommens stark. Sie sehen darin vor allem eine Massnahme, die dem Einzelnen und der Gesellschaft als Ganzes grosse Vorteile bringen würde. Statt gezwungenermassen auf die Erwerbsarbeit fixiert zu sein, würde es «Platz machen für Werte, welche sich nicht nur auf Beruf, Karriere und Wohlstand beziehen», wie Florian betont. Tanja sieht vor allem die Freiräume, die dadurch entstünden und die genützt werden könnten, das eigene Leben zu reflektieren, sich zu überlegen, was man erreichen möchte, was einem wichtig ist. Es würde den Druck wegnehmen, den immer mehr Menschen empfinden und unter dem sie zunehmend leiden, wie in *Die Tretmühlen des Glücks* (Binswanger 2006) anschaulich beschrieben wurde. Rahel bringt zentrale Erwartungen, die mit einem bedingungslosen Einkommen einhergehen, auf den Punkt: «Wir wären alle zufriedener, wenn wir weniger arbeiten und mehr sein würden, weniger rumdüsen und uns dafür mehr bewegen würden.»

6.7.3 Die Bedeutung von Zeit

Insbesondere im Zusammenhang mit den Fragen, wie viel der eigenen Lebenszeit man für die Erwerbstätigkeit einsetzen will oder muss und welchen Stellenwert Subsistenzarbeit und die Pflege sozialer Beziehungen einnehmen sollen, ist das Thema Zeit für die Interviewten von zentraler Bedeutung. Sie stellen zahlreiche Überlegungen an, wie sie ihre Lebenszeit im Sinne eines guten Lebens nutzen können und welche Möglichkeiten sie dazu sehen. Ein bedingungsloses Grundeinkommen ist eine davon, da es ermöglichen würde, weniger Zeit für die Erwerbsarbeit aufbringen zu müssen: So würde die Eigendynamik der «Tretmühlen» gebrochen und

---

41 Über die Einführung eines bedingungslosen Grundeinkommens wurde am 05.06.2016 in der Schweiz abgestimmt (www.bedingungslos.ch/de; Zugriff am 11.04.2016). Die Initiative zur Einführung eines bedingungslosen Grundeinkommens wurde von der Schweizer Bevölkerung abgelehnt.

man könnte stattdessen mehr Zeit für anderes, wie beispielsweise Subsistenzarbeit, aufbringen. Weniger Geld, dafür mehr Zeit zu haben, würde auch die Konsumausgaben reduzieren; infolgedessen wäre es möglich und nötig, die eigenen Fähigkeiten und Fertigkeiten zu erweitern, indem man beispielsweise lernen würde, Dinge selbst zu reparieren, wie Manuel feststellt. Thomas wünscht sich ganz konkret, mehr Zeit für die Familie zu haben. Dafür fordert er, dass die Rahmenbedingungen beispielsweise für Elternurlaube verbessert bzw. zeitlich ausgedehnt werden.

Vor dem Hintergrund der grundsätzlichen Frage nach einem sinnvollen Umgang mit Zeit schlägt Manuel vor, dass politische Rahmenbedingungen geschaffen werden müssten, die zentrale Prinzipien eines suffizienten Lebensstils förderten, wie zum Beispiel Entschleunigung (siehe dazu auch Sachs 1993).

6.7.4 Landwirtschaft

Grossen Änderungsbedarf sehen zwei der Befragten in der gegenwärtig betriebenen Landwirtschaft. Manuel übt grundsätzlich Kritik an der industrialisierten Landwirtschaft, die seiner Einschätzung nach wesentlich zu einer Entfremdung zwischen den Konsumierenden und den Produzierenden beitrage. Er plädiert für die Abschaffung der industrialisierten Herstellung von Lebensmitteln und für einen Umstieg auf biologische Produktionsweisen. Diese Art der ressourcenschonenden Herstellung würde bedingen, dass auch wieder mehr von Hand gearbeitet würde und somit auch mehr Arbeitskräfte in der Landwirtschaft gebraucht würden. Er sieht in der Relokalisierung der Landwirtschaft eine wichtige Massnahme, die auch zur Förderung eines suffizienten Lebensstils beitrüge. Neben der Produktionsweise geht es Manuel um die Menschen sowie um die landwirtschaftlichen Produkte, die eine höhere Wertschätzung erfahren sollen. Aus seiner Sicht benötigen die Verbraucher ein grösseres Wissen über die landwirtschaftliche Produktion, insbesondere auch über die Arbeit, die damit verbunden ist. Dies würde seiner Meinung nach dazu führen, dass weniger Lebensmittel weggeworfen und auch höhere Preise eher akzeptiert würden. Alexander sieht ein weiteres Ziel landwirtschaftlicher Produktion in der Vergrösserung der angebauten Sortenvielfalt. Sowohl Manuel als auch Alexander beschränken ihre Überlegungen zu einer zukunftsfähigen Landwirtschaft nicht auf die Schweiz, sondern beziehen auch den globalen Süden mit ein. Beide fordern eine grössere Unterstützung kleinbäuerlicher Strukturen und dass Subventionen insbesondere Kleinbäuerinnen und -bauern zugutekommen. Alexander betont zudem, dass auch die vorhandenen Strukturen im Süden erhalten werden müssten und nicht durch Eingriffe wie Landgrabbing[42] oder Naturschutzmassnahmen zerstört werden dürften.

Tanja empfiehlt eine Öffnung des Agrarrechts: Es müsse einfacher werden, im Rahmen von alternativen Projekten und in einer neuen Form von Genossenschaften gemeinsam landwirtschaftlich tätig zu sein.

6.8 Weitere Themen

Jonathan sieht eine zentrale Einflussgrösse auf einen suffizienten Lebensstil im Finanzsystem, da sich dieses auf alles andere auswirke. Er fordert, dass das Finanzsystem, und speziell das Bankensystem, völlig neu gestaltet werden müsse, da grosse international agierende Banken durch ihre Aktivitäten insbesondere das unterstützten, was suffizient lebende Personen ablehnten. Die Macht der Banken müsse gebrochen werden. Nur dadurch, dass immense Geldsummen zur Verfügung gestellt wurden, konnte 2008 ein vollständiger Zusammenbruch der Wirtschaft und damit auch des aktuellen Wirtschaftssystems verhindert werden – dies sei leider als Chance und als «window of opportunity» zu einem völligen Umdenken nicht genutzt worden.

Ein weiteres wichtiges Thema zur Förderung und Verankerung eines suffizienten Lebensstils in der Gesellschaft sieht Thomas in der Integrations-

42 Dabei handelt es sich um Käufe oder langfristige Pachtverträge von grossen Agrarflächen, hauptsächlich von privaten, aber auch staatlichen Investoren und Agrarunternehmen, mit dem Ziel, diese Flächen in eigener Regie zur Herstellung von Agrarrohstoffen zu nutzen. Dabei bewegen sich die internationalen Investoren ebenso wie die staatlichen, halbstaatlichen oder privaten Verkäufer oft in Grauzonen des Rechts und in einem Niemandsland zwischen traditionellen Landrechten und modernen Eigentumsverhältnissen (www.weltagrarbericht.de/themen-des-weltagrarberichts/landgrabbing.html; Zugriff am 11.04.2016).

politik. Vor dem Hintergrund intragenerationeller Gerechtigkeit plädiert er dafür, Menschen verschiedener Hintergründe nicht auszuschliessen, sondern die unterschiedlichen Lebensstile und Lebensphilosophien zu akzeptieren und als bereichernde gesellschaftliche Elemente aufzunehmen.

Auch Sabine denkt stark in globalen Kategorien. Ihr ist der Umgang mit Rohstoffen aufgrund der grossen sozialen und ökologischen Auswirkungen ein prioritäres Anliegen. Daher fordert sie in Übereinstimmung mit der Erklärung von Bern, dass der Rohstoffhandel, die Produktions-, Finanztransaktions- und Spekulationsbedingungen in einem gewissen Masse reguliert werden. Sie beklagt das Fehlen eines entsprechenden politischen Umfeldes und fordert, dass insbesondere die Schweiz als wohlhabendes Land im Rohstoffhandel mehr Verantwortung übernehmen und sich verstärkt für humanitäre Werte einsetzen müsse. «Die Schweiz hat ja eine lange humanitäre Tradition, was oft vergessen wird.» Sabine sieht die skandinavischen Staaten als Vorbilder für die Schweiz. Die Schweiz sollte weniger auf Wettbewerb setzen und stattdessen ihr Verhandlungsgewicht für Regulationen einsetzen.

7
Förderung und Verankerung eines suffizienten Lebensstils – die Sicht von Praxis und Wissenschaft

Im Rahmen eines Workshops haben wir zusammen mit Expert(inn)en aus Praxis und Wissenschaft, die sich mit dem Thema Suffizienz beschäftigen, die von unseren Interviewten genannten Massnahmen zur Förderung eines suffizienten Lebensstils kritisch reflektiert, diskutiert und ergänzt. Dabei wurde deutlich, dass ein Schaffen von Anreizen – nicht ein Setzen von Verboten – grundsätzlich im Vordergrund stehen sollte. Die Thematik sollte positiv angegangen und attraktive Angebote sollten gut kommuniziert werden. Verbote dagegen wirken wenig motivierend und provozieren eher Widerstand. Schliesslich wird es als wichtig erachtet, nicht nur in einzelnen thematisch fokussierten Massnahmen zu denken, sondern Massnahmenpakete zu konzipieren, die die Vernetzung verschiedener Themenbereiche stärker berücksichtigen, Synergien schaffen und umfassendere Wirkungen zeitigen können.

Im Folgenden stellen wir sieben Massnahmenpakete vor, die sich aus dem oben genannten Workshop und unter Einbezug weiterer Literatur ergeben haben und die unserer Ansicht nach von zentraler Bedeutung für die Förderung und Verankerung eines suffizienten Lebensstils in der Gesellschaft sind.

7.1 Bildung für einen suffizienten Lebensstil fördern

Mithilfe von Bildungsarbeit einen gesamtgesellschaftlichen Wertewandel in Richtung Suffizienz anzustossen –, eine der Hauptforderungen unserer Interviewten – wird auch von den Expert(inn)en als besonders wichtig erachtet. Vorgeschlagen wird unter anderem die Integration neuer Inhalte in die schulische Bildung, insbesondere das Konzept der Achtsamkeit gegenüber sich selbst und anderen Lebewesen. Auch die gezielte Förderung und die Einübung von Kompetenzen, die für einen suffizienten Lebensstil als zentral erachtet werden, müssen verfolgt werden. Dazu zählt vor allem Reflexionskompetenz: Sie umfasst die Reflexion über sich selbst, die eigenen Werte und Einstellungen sowie das eigene Handeln und dessen Auswirkungen auf andere Lebewesen und die natürliche Umwelt.

Eine konkrete Massnahme, die sowohl das Wissen als auch das Selbsttätigwerden im Bereich der Nahrungsmittelproduktion fördern soll, ist das Projekt «Schule auf dem Bauernhof»[43] für Primarschüler(innen), das in vielen Kantonen der Schweiz bereits umgesetzt wird. Mit ähnlicher Zielsetzung wurde an einigen Schulen das Wahlpflichtfach Gartenbau wieder eingeführt.

Losgelöst vom schulischen Umfeld werden vor allem Sensibilisierungskampagnen als zweckdienlich angesehen. Diese machen auf das eigene Verhalten aufmerksam, motivieren zum Nachdenken und stossen gegebenenfalls Änderungsprozesse an. Im Rahmen praktischer Ausbildungen werden – beispielsweise in der Kochausbildung – Neuerungen vorgeschlagen. Dort sollte gelehrt werden, wie man vielfältige Menüs auch ohne Fleisch zubereiten kann, gleichzeitig sollten die Auszubildenden für die mit einem hohen Fleischkonsum verbundene Ressourcenproblematik sensibilisiert werden. Im schweizerischen Bundesamt für Umwelt laufen gegenwärtig bereits entsprechende Schulungen des Kochpersonals.

43 Nähere Informationen siehe www.schub.ch (Zugriff am 07.04.2016).

7.2 Kommunikation von Vorbildern

Die Identifikation von Personen, die einen suffizienten Lebensstil leben, sowie deren Bekanntmachung in der breiten Öffentlichkeit wird sowohl von unseren Interviewten als auch von den Expert(inn)en als erforderliche und vielversprechende Massnahme beurteilt. Sie kann der Information dienen und gleichzeitig ein Anreiz für die Bevölkerung sein. Zudem kann die Kommunikation von Vorbildern auch für die suffizient lebenden Personen selber nützlich sein, da diese so Kenntnis voneinander erlangen, sich miteinander austauschen, wechselseitig unterstützen und neue Ideen gemeinsam ausprobieren können (siehe auch Kapitel 7.7).

Bei der Kommunikation der Vorbilder sollten Aspekte hervorgehoben werden, die die positiven Seiten eines suffizienten Lebensstils betonen: der mögliche Gewinn an Lebenszufriedenheit, an physischer und psychischer Gesundheit und an Gemeinschaft. Wenn der oder die Einzelne sieht, welche positiven Effekte ein solcher Lebensstil mit sich bringen kann, wird sie oder er eher motiviert sein, auch selbst neue Verhaltensweisen auszuprobieren. Umgesetzt wurde die Vorbilderidee bereits in Form von «Lebensmodellen»[44], beispielsweise im Rahmen der 2000-Watt-Gesellschaft für das schweizerische Bundesamt für Energie und für die Stadt Basel.

Besonders wichtig finden wir, dass die Vorbilder aus allen sozialen Milieus stammen, sowohl aus der Stadt als auch vom Land und nicht nur unter den klassischen Pionier(inn)en aus dem städtischen Bildungsbürgertum[45] zu finden sind. Lebensmodelle, in denen sich auch die Durchschnittsbürger(innen) wiederfinden können, werden für Nachahmungsversuche als besonders Erfolg versprechend angesehen.

Die Identifikation mit sowie die Kommunikation von Vorbildern müssen jedoch nicht auf Personen beschränkt bleiben: Auch Projekte oder Initia-

44 www.2000watt.ch/fuer-mich/lebensmodelle/ (Zugriff am 07.04.2016).

45 Gemäss Diffusionstheorie braucht man in der ersten Phase einer Innovation sogenannte Early Adopters bzw. Change Agents, damit die Innovation überhaupt diffundieren, also in die Öffentlichkeit gelangen kann. Diese sind meist gut ausgebildet und haben ein relativ hohes Einkommen (vgl. Rogers 2003).

tiven sollten vorgestellt werden, die im Rahmen eines suffizienten Lebensstils Best-Practice-Charakter haben.

Ein Beispiel dafür ist die Transition-Bewegung. Diese hat zum Ziel, Gemeinschaften miteinander zu vernetzen, in der Selbstorganisation zu unterstützen und zu schulen sowie zum Gründen neuer Initiativen auf Basis des Transition-Modells zu inspirieren und zu ermutigen. Angestrebt wird insbesondere, Resilienz wiederherzustellen und CO_2-Emissionen zu reduzieren.[46]

7.3 Gemeinschaftliche Initiativen fördern

Ein weiterer Massnahmenkomplex, den wir für einen suffizienten Lebensstil empfehlen, ist die Förderung und die Kommunikation gemeinschaftlicher Initiativen, wie beispielsweise Repaircafés, Gemeinschaftsgärten, landwirtschaftliche Projekte wie Urban Gardening oder Tauschbörsen. Solche Initiativen funktionieren wie kleine alternative Wirtschaftssysteme und ermöglichen viele Erfahrungen, die Teil eines suffizienten Lebensstils sind. Diese reichen von Gemeinschaftserlebnissen über wechselseitige Lernprozesse aufgrund der unterschiedlichen Kompetenzen, die in solchen Räumen zusammenkommen, bis hin zur Erfahrung einer gewissen Unabhängigkeit von etablierten Marktstrukturen, was sich wiederum positiv auf die Einschätzung der Selbstwirksamkeit auswirken kann.

Es gibt bereits zahlreiche solcher Initiativen.[47] Was jedoch erst in Anfängen vorhanden ist, sind Massnahmen zu deren Förderung. Diese sind jedoch umso wichtiger, als solche Initiativen in der Regel wenig organisiert und mit geringen finanziellen Mitteln ausgestattet sind.

---

46 Weitere Informationen unter www.radiesli.org/links/90-transition (Zugriff am 11.04.2016).

47 Beispielsweise hat der Verein SKS (Stiftung für Konsumentenschutz) eine Übersicht aller Repaircafés in der Schweiz erstellt: www.konsumentenschutz.ch/repaircafe/schweizer-repair-cafes/ (Zugriff am 07.04.2016).

7.4
Wandel/Einschränkung von Werbung

Die Veränderung der Werbung sowie ihre Reduktion beurteilen wir in Übereinstimmung mit unseren Befragten und Expert(inn)en als ein wichtiges und auch gut realisierbares Massnahmenpaket. In der Schweiz könnten vor allem die Energiestädte,[48] sowie Gemeinden, die eine nachhaltige Quartierentwicklung anstreben[49], den öffentlichen Raum dazu nutzen, die klassische kommerzielle Werbung nicht nachhaltiger Unternehmen und Produkte gegen solche auszutauschen, die Nachhaltigkeitskriterien erfüllen. Ein solches Vorgehen würde einen suffizienten Lebensstil unterstützen und gleichzeitig der Stadt, der Gemeinde oder dem Quartier als Nachweis seines bzw. ihres Engagements für eine Nachhaltige Entwicklung dienen. Werbung könnte auch genutzt werden, um Vorbilder sichtbar zu machen (siehe Kapitel 7.2) – das würde den Multiplikator(inn)eneffekt vergrössern.

Mit dem Ziel, die kommerzielle Werbung zu reduzieren, könnte sie zum Teil durch Kunst im öffentlichen Raum ersetzt werden. So könnten der Allgemeinheit zugängliche Räume zugleich aufgewertet werden.

7.5
Alternative Arbeits(zeit)modelle fördern

Alternative Arbeits- wie auch Arbeitszeitmodelle werden aktuell sehr stark eingefordert, und es gibt viele Ideen bis hin zu konkreten Überlegungen, wie solche Modelle aussehen könnten. Die mit einer Postwachstumsökonomie oder -gesellschaft (siehe Kapitel 1) zusammenhängenden Konzepte sowie das bedingungslose Grundeinkommen[50] sind nur einige Beispiele, die zunehmend diskutiert werden und eine tiefgreifende Änderung des Finanz- und Geldwesens nach sich zögen.[51]

48 www.energiestadt.ch (Zugriff am 07.04.2016).
49 www.nachhaltige-quartiere.ch/de/ (Zugriff am 07.04.2016).
50 Zum Beispiel Schachtschneider 2014 oder auch www.bedingungslos.ch/de (Zugriff am 14.03.2016).
51 Zum Beispiel Akademie Solidarische Ökonomie 2014.

Es werden meist auch Fragen der Zeit oder des Umgangs mit ihr impliziert – wofür setze ich wie viel meiner Lebenszeit ein? Welchen Anteil sollte/dürfte die Zeit für die Erwerbstätigkeit ausmachen? Wie viel Zeit sollte/müsste für Subsistenzarbeit, das soziale Leben oder Freizeitbeschäftigungen übrig sein? Viele der Tätigkeiten, denen suffizient lebende Personen gerne nachgehen, wie beispielsweise die Beschaffung, Verarbeitung und Zubereitung von Nahrungsmitteln, brauchen viel Zeit. «Das muss man sich zeitlich leisten können», wie eine Expertin sagt. Und diese stehe nur dann zur Verfügung, wenn die für die Erwerbsarbeit erforderliche Zeit weniger werde. Daher sind Teilzeitarbeitsmodelle gefragt, die eine Existenzsicherung gewährleisten.

Für die Förderung eines suffizienten Lebensstils wird auch eine Umdeutung des gesamtgesellschaftlichen Stellenwerts von Erwerbsarbeit als wichtig erachtet. Gefordert werden Modelle, die dazu beitragen, dass Menschen nicht mehr überwiegend über ihre Erwerbsarbeit beurteilt werden («Statussymbol Beruf»), sondern dass die Erwerbsarbeit nur noch ein Bereich unter anderen ist, die zur Einschätzung einer Person herangezogen werden.

Konkrete Massnahmen, wie beispielsweise die Einführung bzw. Ausweitung des Arbeitens von zu Hause aus (Homeoffice) oder der Ausbau von Jobsharing- und Teilzeitarbeitsmodellen sowie Sabbaticals, werden als gut und kurzfristig realisierbar beurteilt. Sie werden bereits seit einiger Zeit diskutiert und teilweise umgesetzt, allerdings noch nicht umfassend genug, um grössere Wirkungen erzielen zu können. Zu bedenken bleibt allerdings, dass nicht alle Massnahmen für alle Berufsgruppen geeignet sind. So kann weder der Verkäufer noch die Ärztin grundsätzlich im Homeoffice arbeiten. Erforderlich ist somit ein Massnahmenpaket, das den verschiedenen Bedürfnissen und Erfordernissen Rechnung trägt.

7.6
Multifunktionale Räume schaffen für Wohnen, Arbeit und Freizeitgestaltung

Im Anschluss an die Förderung alternativer Arbeits(zeit)modelle ist die räumliche Flexibilisierung in Bezug auf den Wohnort, den Arbeitsort und den Ort, an dem die Freizeitgestaltung vornehmlich stattfindet, angeraten. Bereits seit den 1980er-Jahren wird in der Schweiz das stadtplanerische Leitbild der «Stadt der kurzen Wege»[52] verfolgt, das darauf abzielt, Rahmenbedingungen zu schaffen, um die räumlichen Distanzen zu verringern, insbesondere zwischen den genannten Bereichen. Eine solche Flexibilisierung bewerten wir für die Unterstützung und Verankerung eines suffizienten Lebensstils in der breiten Bevölkerung als wichtig, und wir sehen darin ein hohes Potenzial zur Minderung des Ressourcenverbrauchs sowie zur Erhöhung der Lebenszufriedenheit. Der Wohnort bildet hier das statische Ausgangselement, sodass nun Konzepte entwickelt werden müssen, um sowohl die Arbeit als auch die Freizeit näher an den Wohnort heranzubringen. Mit geeigneten Massnahmen im Rahmen alternativer Arbeits(zeit)-modelle (siehe Kapitel 7.5) könnten die Bereiche Arbeiten und Wohnen (näher) zusammengeführt werden. Somit stehen noch Überlegungen bezüglich der Freizeitgestaltung am Wohnort an. Mögliche Ansätze gibt es schon, zum Beispiel die Nutzung von Räumen tagsüber als Velowerkstätten und abends als Bars. Hier ist sicherlich noch viel Raum für kreative Ideen.

7.7
Vernetzungsmöglichkeiten fördern

Im Zentrum des Massnahmenkomplexes steht die Förderung der Kommunikation und die Vernetzung gemeinschaftlicher, insbesondere lokaler Initiativen. Je mehr Wissen über solche Zusammenschlüsse nach aussen dringt, vor allem aber auch wechselseitig vorhanden ist, desto eher kön-

52 Siehe beispielsweise www.kluehspies.de/index.php?de_city_shortways_abstract (Zugriff am 07.04.2016).

nen die Initiativen sich auch vernetzen. In der Summe könnten sie so mehr Wirkungspotenzial entfalten sowie eine gewisse Unabhängigkeit von etablierten konsumorientierten und ressourcenintensiven Mechanismen erlangen. Ein wechselseitiger Austausch kann vielfältige Synergien mit sich bringen. So können beispielsweise Infrastrukturen gemeinsam genutzt werden, zum Beispiel Geräte in Gartenkooperativen und Repaircafés.

Ein verstärkter Austausch kann nicht zuletzt auch neue Ideen und neue Initiativen anstossen. Auf diese Art und Weise kann ein ganzes Suffizienznetzwerk entstehen. Es ist sinnvoll, die Mitglieder auch persönlich und unmittelbar in Kontakt zu bringen. Dies wäre beispielsweise eine Aufgabe für die Gemeinden.

7.8
Fazit

Neben der Einschätzung der zeitlichen und technischen Machbarkeit und potenziellen Wirksamkeit von Massnahmenpaketen ist es vor allem wichtig, auch deren Umsetzbarkeit auf der politischen Ebene zu prüfen. Wie ist die gesamtpolitische Lage, wie die momentane politische Stimmung und wie gross die Macht der Gegner(innen) der jeweiligen Massnahmen? Welche Koalitionen lassen sich bilden und mit welchen Gegenmassnahmen muss gerechnet werden? Ebenso gilt es, nach günstigen Zeitfenstern («windows of opportunity») Ausschau zu halten und sich vor Augen zu führen, wer die Gewinner, vor allem aber auch, wer die Verlierer wären, wenn die Massnahmen umgesetzt würden. All dies sollte geprüft und bei der Lancierung der Massnahmen bedacht werden, um die Erfolgschancen zu maximieren.

Bei unseren Vorschlägen haben wir stets die Schweiz im Blick und kalkulieren in unseren Aussagen zur Machbarkeit entsprechend die dortigen gesellschaftlichen, ökologischen, wirtschaftlichen und politischen Rahmenbedingungen mit ein. Wie gehen wir jedoch damit um, wenn wir eine Massnahme in der Schweiz für durchaus realisierbar halten, gleichzeitig aber erkennen, dass sie auf globaler Ebene umgesetzt werden müsste, um eine relevante Wirkung zu erzielen, wir diese Möglichkeit jedoch (in einem einigermassen überschaubaren Zeitrahmen) nicht sehen? Dann, so könnte man folgern, hat es auch keinen Sinn, dass wir diese Massnahme in der Schweiz umsetzen. Doch das sehen wir anders. Nicht nur ist die Schweiz Teil des globalen Nordens, der gerade erst im Zuge der Nachhaltigkeitsziele bzw. der Sustainable Development Goals (SDGs) explizit in die Verantwortung genommen wurde, einen wesentlichen Beitrag zur Förderung einer nachhaltigen Entwicklung zu leisten. Gerade die Schweiz als privilegiertes Land mit einem sehr hohen Lebensstandard könnte zu den Ersten gehören, die klare Schritte in Richtung eines deutlich verringerten Ressourcenverbrauchs gehen. Gleichzeitig könnte sie aufzeigen, dass die Lebensqualität keinesfalls sinken muss, und somit selbst eine Vorbildfunktion einnehmen.

8
Nachgedanken

Das Forschungsprojekt, das dem vorliegenden Buch zugrunde liegt, hat gezeigt: Es gibt in der Schweiz Menschen, die einen suffizienten Lebensstil leben. Dabei handelt es sich um Personen, die einen verminderten Ressourcenverbrauch in den Bereichen Mobilität und Alltagskonsum[53] vorweisen und dies nicht als Beeinträchtigung, sondern als Mehrung ihrer Lebenszufriedenheit empfinden. Ein Ziel des Projektes bestand darin, herauszufinden, was für Menschen das sind, wie sie konkret leben, was sie motiviert, mit welchen Konflikten sie kämpfen und wo sie die Kraft und Energie hernehmen, um ein Leben zu führen, das in vielerlei Hinsicht vom Mainstream abweicht.

Darüber hinaus lässt sich sagen, dass sich die meisten der von uns befragten suffizient lebenden Personen in einem Spannungsfeld zwischen «Maximierer» und «Satisficer» bewegen. Diese Bezeichnungen gehen auf den Psychologen Barry Schwartz (2006) zurück, der in verschiedenen Studien gezeigt hat, dass Maximierer, die stets nach dem Besten streben, tendenziell unglücklicher sind als Satisficer, die nach dem rechten Mass, dem «Gut-genug» suchen. Wann immer man sich bewusst für oder gegen etwas entscheidet, so Schwartz, schliessen sich die Türen für andere Möglichkeiten. Er spricht in diesem Zusammenhang von «Opportunitätskosten» (im Sinne von nicht wahrgenommenen Alternativen, von denen man sich ebenfalls einen Nutzen versprochen hätte) und meint, dass Menschen, die eher zur Kategorie der «Maximierer» gehören, unter diesen Kosten stärker leiden, weil ihnen stets bewusst ist, welche anderen Optionen sie durch ihre Entscheidungen verpassen und dies bedauern. Auch wer bewusst

53 Da diese Bereiche für das Forschungsprojekt ausgewählt wurden, beziehen wir unsere Aussagen auch nur darauf und können keine fundierten Aussagen zu anderen Bereichen machen.

auf Dinge verzichtet – was unsere Interviewten tun, obwohl sie dies nicht immer als Verzicht empfinden –, zahlt Opportunitätskosten. Die von uns befragten Personen leiden jedoch weniger unter solchen Kosten, da sie grundsätzlich zufriedener sind mit dem, was sie haben, sich auch bewusst um diese Zufriedenheit bemühen und zudem die «verpassten Chancen», die die anderen Optionen bergen, wenig bis gar nicht bedauern. Sie fühlen sich eher befreit davon, alle Optionen durchdenken zu müssen und leben insgesamt leichter. Daher könnte man sie der Kategorie der Satisficer zuordnen. Interessant ist jedoch, dass sie in ihrem Bemühen um Zufriedenheit und Genügsamkeit durchaus Tendenzen aufweisen, die Maximierer kennzeichnen. Unsere Interviewten arbeiten beständig an ihrem Selbst, ihren Einstellungen und Werten und ihrem Charakter, und sie versuchen, sich durch ihr Bemühen um grösstmögliche Kohärenz zwischen Werten und Verhalten zu dem Menschen zu machen, der sie sein wollen (siehe Kapitel 4.3). Dies deckt sich auch mit den Erkenntnissen von Degenhardt (2007, S. 167), der im Zusammenhang mit seiner Forschung zu nachhaltigen Lebensstilpionieren zu einem vergleichbaren Resultat kommt: «Nachhaltige Lebensstilpioniere legen großen Wert darauf, gemäß ihren eigenen Wertvorstellungen und Überzeugungen zu handeln.» Aufgrund dieser Eigenschaften befinden sich Personen mit einem suffizienten Lebensstil auf einer hohen Moralstufe (Kohlberg 1996). Sie orientieren sich an selbstgewählten, das heisst, nicht von der Gesellschaft vorgegebenen, allgemein gültigen ethischen Prinzipien wie Gerechtigkeit und Gegenseitigkeit, an denen sie ihr Handeln ausrichten. In der Sprache Kohlbergs befinden sie sich auf einem «postkonventionellen» Niveau. Das bedeutet, dass sie insgesamt unabhängiger sind von gängigen Normen, die in einer Gesellschaft vorherrschen.

Nichtdestotrotz oder gerade deshalb gibt es zahlreiche Faktoren, die die Befragten bei der Umsetzung ihres Lebensstils behindern. Interessant erscheint uns in diesem Zusammenhang die Frage, welche Faktoren darüber entscheiden, ob etwas als hindernd oder aber als fördernd empfunden wird. Wir haben mindestens drei Faktoren identifiziert, die zu unterschiedlichen Bewertungen ein und desselben Phänomens führen können: Dies sind einmal Ausmass und Tiefe der Forderungen, die ich an mich selbst und an die Gesellschaft stelle. Bin ich dankbar für erste Schritte in die vermeintlich richtige Richtung und trage mit meinem Verhalten verstärkend dazu bei, oder stelle ich für mich und die Gesellschaft konkrete Forderungen auf? Ein weiteres Kriterium ist die Systemgrenze, die ich ziehe. Betrachte ich eher mein unmittelbares lokales oder regionales Umfeld und versuche ich, zu dessen Vorteil zu handeln, oder habe ich bei all meinen Handlungen die globale Perspektive im Blick? Dann nehme ich aber auch in Kauf, dass für die lokale bzw. regionale Ebene gegebenenfalls Nachteile entstehen. Und schliesslich erscheint uns als ein sehr wichtiger Faktor die Frage, wie viele Widersprüchlichkeiten ich mir selbst erlaube. Wie tolerant bin ich mir selbst gegenüber, wenn ich meine grundsätzlichen Wertvorstellungen meinem tatsächlichen Verhalten gegenüberstelle? Und wie stark ist in diesem Zusammenhang mein Bedürfnis nach Kohärenz?

Grundsätzlich ist suffizient lebenden Personen eine grösstmögliche Kohärenz zwischen Werten und Handeln sehr wichtig für ihre Lebenszufriedenheit. Daneben hat sich bezüglich des Zusammenhangs zwischen einem suffizienten Lebensstil und einem guten Leben vor allem gezeigt, dass die in der Literatur diskutierten Wohlstandsarten – Zeit-, Raum- und Beziehungswohlstand (siehe zum Beispiel Scherhorn 2002), die als Alternativen zum Güterwohlstand gesehen werden – auch für unsere Befragten eine zentrale Rolle spielen.

So wird das Verfügen über freie Zeit sowohl als wichtige Bedingung zur Realisierung eines suffizienten Lebensstils angesehen (viele suffiziente Tätigkeiten, wie zum Beispiel reparieren, nachhaltig einkaufen, Obst und Gemüse selber anpflanzen, ernten und zubereiten, gute Beziehungen pflegen, brauchen Zeit) als auch als wichtiger Beitrag zur Lebenszufriedenheit. Über selbst zuteilbare Zeit zu verfügen und genügend Zeit zu haben für das, was einem wichtig ist, gehört aus der Sicht unserer Befragten zu den bedeutendsten Merkmalen eines guten Lebens.

Auch Aspekte, die den Raumwohlstand definieren, also das «Wohlbefinden in der natürlichen und sozialen Mitwelt» (Scherhorn 2002, S. 281), werden oft genannt: Sich an der frischen Luft zu bewegen, sich in einer möglichst intakten Natur aufzuhalten, sich in einem Netz von Beziehungen getragen zu fühlen oder das Leben gemeinsam mit anderen zu gestalten, sind nur einige Beispiele, die für unsere Befragten zentral für ein gutes Leben sind.

Schlussendlich haben wir uns die Frage gestellt: Was bräuchte es denn nun, um einen suffizienten Lebensstil in der Schweizer Gesellschaft zu verankern?

Obwohl wir in unserem Forschungsprojekt den Fokus auf die individuelle Ebene gelegt haben, sind wir klar der Überzeugung, dass es, um einen suffizienten Lebensstil in die Gesamtbevölkerung hineinzutragen, sowohl Individuen braucht, die einen suffizienten Lebensstil (vor-)leben und sichtbar machen (Bottom-up-Bewegung), als auch politische Massnahmen (Top-down-Bewegung), die einen solchen Lebensstil unterstützen. Von oben verordnete Veränderungen liefen unserer Meinung nach in demokratischen Systemen ins Leere, wenn sie nicht zumindest teilweise auf einen fruchtbaren Boden fallen. Umgekehrt würde der Lebensstil einer Minderheit gesamtgesellschaftlich gesehen wirkungslos bleiben, würden nicht geeignete Massnahmen von Kommunikationsstrategien über Anreize bis hin zu Geboten und Verboten seitens der Politik ergriffen. Auch die von uns befragten Personen betonen die Wichtigkeit fördernder Massnahmen und nennen insbesondere Bildungsarbeit und die Kommunikation von Vorbildern.

Unsere Interviewten können als solche Vorbilder betrachten, werden. Dass es sich vor allem um Personen aus einer höheren Bildungsschicht handelt, liegt in der Anlage unseres Forschungsprojektes (zur Identifikation der Interviewpersonen siehe Kapitel 1.3.2) begründet. Dies schliesst aber keineswegs aus, dass es nicht auch in der übrigen Bevölkerung Menschen gibt, die suffizient leben und durch ihre Vorbildfunktion Breitenwirkung entfalten können. Die Identifikation solcher Personen könnte ein interessanter Gegenstand zukünftiger Forschungsprojekte sein.

Wir hoffen, dass unser Buch nicht nur weitere (Forschungs-)Fragen anstösst, sondern zu Diskussionen über Suffizienz und suffizientes Leben in unterschiedlichen gesellschaftlichen Kontexten beiträgt – und insbesondere das Bewusstsein fördert, dass *genug genügt*.

Literatur

Akademie Solidarische Ökonomie (Hrsg.) Bender, H., Bernholt, N. und Simon, K. (2014): Das dienende Geld. Die Befreiung der Wirtschaft aus dem Wachstumszwang. München: oekom.

Altvater, E. (2011): Das Ende des Kapitalismus, wie wir ihn kennen. Eine radikale Kapitalismuskritik. Münster: Westfälisches Dampfboot.

Binswanger, M. (2006): Die Tretmühlen des Glücks. Wir haben immer mehr und werden nicht glücklicher. Was können wir tun? Freiburg i. Br.: Herder.

Binswanger, M. (2012): Sinnlose Wettbewerbe – Warum wir immer mehr Unsinn produzieren. Freiburg i. Br.: Herder.

Csikszentmihalyi, M. (2014): Flow. Das Geheimnis des Glücks. Stuttgart: Klett-Cotta.

Daly, H. (1997): Beyond Growth – The Economics of Sustainable Development. Boston: Beacon Press.

Degenhardt, L. (2007): Pioniere nachhaltiger Lebensstile. Analyse einer positiven Extremgruppe mit bereichsübergreifender Kongruenz zwischen hohem nachhaltigen Problembewusstsein und ausgeprägtem nachhaltigen Handeln. Kassel: University Press.

Epikur (1962):Philosophie der Freude. Briefe, Hauptlehrsätze, Spruchsammlung, Fragmente. Übertragen und mit einem Nachwort versehen von Paul M. Laskowsky. München: Wilhelm Goldmann Verlag.

Foucault, M. (2007): Ästhetik der Existenz. Schriften zur Lebenskunst. Frankfurt am Main: Suhrkamp.

Frankfurt, H. G. (2001): Freiheit und Selbstbestimmung. Ausgewählte Texte. Herausgegeben von Monika Betzler und Barbara Guckes. Berlin: Akademie Verlag.

Han, B. (2011): Duft der Zeit. Ein philosophischer Essay zur Kunst des Verweilens. Bielefeld: transcript.

Hauff, V. (1987): Unsere gemeinsame Zukunft. Der Brundtland-Bericht der Weltkommission für Umwelt und Entwicklung. Greven: Eggenkamp.

Horn, C. (1998): Antike Lebenskunst. Glück und Moral von Sokrates bis zu den Neuplatonikern. München: C. H. Beck.

Hunecke, M. (2008): Möglichkeiten und Chancen der Veränderung von Einstellungen und Verhaltensmustern in Richtung einer nachhaltigen Entwicklung. In: Lange, H. (Hrsg.): Nachhaltigkeit als radikaler Wandel. Die Quadratur des Kreises? Wiesbaden: VS Verlag für Sozialwissenschaften, S. 95–121.

Hunecke, M. (2013): Psychische Ressourcen zur Förderung nachhaltiger Lebensstile. Bonn: Denkwerk Zukunft.

Jackson, T. (2013): Wohlstand ohne Wachstum. Leben und Wirtschaften in einer endlichen Welt. München: oekom.

Kasser, T. (2002): The High Price of Materialism. Cambridge/London: MIT Press.

Kaven, C. (2015): Transformation des Kapitalismus oder grüne Marktwirtschaft? Pfade zur Nachhaltigkeit bei Altvater, Jänicke, Nair und Rifkin. München: oekom.

Kleinhückelkotten, S. (2005): Suffizienz und Lebensstile. Berlin: Berliner Wissenschaftsverlag.

Kohlberg, L. (1996): Die Psychologie der Moralentwicklung. Frankfurt am Main: Suhrkamp.

Latouche, S. (2015): Es reicht! Abrechnung mit dem Wachstumswahn. München: oekom.

Linz, M. (2012): Weder Mangel noch Übermaß. Warum Suffizienz unentbehrlich ist. München: oekom.

Lüdtke, H. (1989): Expressive Ungleichheit. Zur Soziologie der Lebensstile. Wiesbaden: VS Verlag für Sozialwissenschaften.

Nussbaum, M. C. (2010): Die Grenzen der Gerechtigkeit. Behinderung, Nationalität und Spezieszugehörigkeit. Berlin: Suhrkamp.

Paech, N. (2012): Befreiung vom Überfluss. Auf dem Weg in die Postwachstumsökonomie. München: oekom.

Pfister, C. (1994): Das 1950er Syndrom. Eine Epochenschwelle der Mensch-Umwelt-Beziehungen zwischen Industriegesellschaft und Konsumgesellschaft. In: GAIA 3/2, S. 71–90.

Rawls, J. (1975): Eine Theorie der Gerechtigkeit. Frankfurt am Main: Suhrkamp.

Reusswig, F. (1994): Lebensstile und Ökologie. Gesellschaftliche Pluralisierung und alltagsökologische Entwicklung unter besonderer Berücksichtigung des Energiebereichs. Frankfurt am Main: Verlag für Interkulturelle Kommunikation.

Rifkin, J. (2011): Die dritte industrielle Revolution. Die Zukunft der Wirtschaft nach dem Atomzeitalter. Frankfurt am Main: Campus.

Rogers, E. M. (2003): Diffusion of Innovations. New York: Simon & Schuster.

Rössel, J., Otte, G. (Hrsg.) (2012): Lebensstilforschung. Wiesbaden: VS Verlag für Sozialwissenschaften.

Sachs, W. (1993): Die vier E's. Merkposten für einen maßvollen Wirtschaftsstil. In: Politische Ökologie 11/33, S. 69–72.

Schachtschneider, U. (2014): Freiheit, Gleichheit, Gelassenheit. Mit dem ökologischen Grundeinkommen aus der Wachstumsfalle. München: oekom.

Scherhorn, G. (2002): Zur Messung des Wohlstands. In: Hartard, S., Stahmer, C. (Hrsg.): Magische Dreiecke. Berichte für eine nachhaltige Gesellschaft. Band 3: Sozio-ökonomische Berichtssysteme. Marburg: Metropolis, S. 267–288.

Schmid, W. (2005): Schönes Leben? Einführung in die Lebenskunst. Frankfurt am Main: Suhrkamp.

Schmid, W. (2007): Glück. Alles, was Sie darüber wissen müssen, und warum es nicht das Wichtigste im Leben ist. Berlin: Insel.

Schneidewind, U., Zahrnt, A. (2013): Damit gutes Leben einfacher wird. Perspektiven einer Suffizienzpolitik. München: oekom.

Schwartz, B. (2006): Anleitung zur Unzufriedenheit. Warum weniger glücklich macht. Berlin: Ullstein.

Seidl, I., Zahrnt, A. (Hrsg.) (2010): Postwachstumsgesellschaft. Konzepte für die Zukunft. Marburg: Metropolis.

Steinfath, H. (1998): Die Thematik des guten Lebens in der gegenwärtigen philosophischen Diskussion. In: Ders. (Hrsg.): Was ist ein gutes Leben? Philosophische Reflexionen. Frankfurt am Main: Suhrkamp, S. 7–31.

Stengel, O. (2011): Suffizienz. Die Konsumgesellschaft in der ökologischen Krise. München: oekom.

United Nations (1992): Convention on Biological Diversity. New York: United Nations.

Fragebogen
«Umweltverhalten in der Schweiz»

Geschlecht ◯ weiblich ◯ männlich

Jahrgang ☐

Leben Sie ◯ allein ◯ zu zweit/in Partnerschaft
◯ mit Familie/Kindern ◯ in einer grösseren Gemeinschaft (nicht nur Familienmitglieder)

Im Nachgang zur Auswertung des Fragebogens würden wir eventuell gerne zwecks Vertiefung einiger Fragen mit Ihnen Kontakt aufnehmen. Daher möchten wir Sie bitten, Ihre E-Mail-Adresse anzugeben. Die Adresse und alle anderen Angaben werden selbstverständlich vertraulich behandelt und nicht weitergegeben.

E-Mail-Adresse: ☐

1. Wie oft kaufen Sie Biolebensmittel?
   - ◯ immer
   - ◯ meistens
   - ◯ manchmal
   - ◯ selten
   - ◯ nie
2. Wie oft kaufen Sie saisonale Lebensmittel aus der Region?
   - ◯ immer
   - ◯ meistens
   - ◯ manchmal
   - ◯ selten
   - ◯ nie
3. Wie oft essen Sie Fleisch und Wurst?
   - ◯ nie, ich ernähre mich fleischlos
   - ◯ 1× pro Woche
   - ◯ 2–3 × pro Woche
   - ◯ 4× pro Woche bis täglich
   - ◯ mehrmals täglich
4. Wie oft kaufen Sie umweltschonend hergestellte Alltagsprodukte (zum Beispiel Reinigungsmittel, Körperpflege etc.)?
   - ◯ nie
   - ◯ selten
   - ◯ manchmal
   - ◯ meistens
   - ◯ immer
5. Wie oft kaufen Sie fair gehandelte Kleidung?
   - ◯ nie
   - ◯ selten
   - ◯ manchmal
   - ◯ meistens
   - ◯ immer
6. Wie viele Kleidungsstücke (inklusive Schuhen) kaufen Sie für sich durchschnittlich pro Monat?
   - ◯ 0–2 Stück
   - ◯ 3–5 Stück
   - ◯ 6–10 Stück
   - ◯ mehr als 10 Stück

7. Schalten Sie Ihre elektronischen Geräte (Fernseher, Computer, Stereoanlage etc.) nach dem Gebrauch vollständig aus (nicht nur Stand-by-Modus)?
- ◯ nie
- ◯ selten
- ◯ manchmal
- ◯ meistens
- ◯ immer

8. Wie häufig wechseln Sie Ihr Handy aus?
- ◯ halbjährlich
- ◯ jährlich
- ◯ alle 2 Jahre
- ◯ alle 3–4 Jahre
- ◯ nach 5 und mehr Jahren
- ◯ ich besitze kein Handy

9. Wie/womit legen Sie hauptsächlich folgende Wege zurück:

Arbeitswege:
- ◯ zu Fuss/Velo
- ◯ ÖV (Tram, Bus, Zug)
- ◯ Auto/Motorrad

Freizeitwege (Sport, Kultur, Besuche etc.):
- ◯ zu Fuss/Velo
- ◯ ÖV (Tram, Bus, Zug)
- ◯ Auto/Motorrad

Einkaufswege:
- ◯ zu Fuss/Velo
- ◯ ÖV (Tram, Bus, Zug)
- ◯ Auto/Motorrad

10. Wie intensiv nutzen Sie Auto und/oder Flugzeug (pro Jahr)?

☐ km mit dem Auto pro Jahr

☐ Anzahl Flüge (Kurz- und Langdistanzflüge)

11. Wie zufrieden sind Sie mit Ihrem Leben auf einer Skala von 1 bis 6? (1 = überhaupt nicht zufrieden, 6 = sehr zufrieden)

◯ 1 ◯ 2 ◯ 3 ◯ 4 ◯ 5 ◯ 6

Bemerkungen:

Herzlichen Dank für Ihre Mithilfe!